JN056201

正解のない時代を
生き抜く武器を
掘り起こそう

# 自分言語化ノート

長谷川エレナ朋美
HASEGAWA ERENA TOMOMI

# 自分の選択を
# 正解にするために

▶ 見えないものに価値を求める時代の生き方は?

　モノやカタチといった目に見えるものに価値があった時代が終わり、今は実体験の豊かさや質の高い情報といった目に見えないものに価値を置く時代。さまざまな価値観が生まれ、何が正解なのかわからない変化の時代において、ノイズに振り回されないよう自分でハンドルを握って生きていくために私たちにできることは何でしょうか。

▶ 「稼ぐ」より「自分らしさ」を選択しよう

「お金を稼ぐ」より「自分らしく生きる」ほうが、より幸福感を感じやすくなっている今、知識や情報、体験や経験といったことへの価値は高まるばかり。ただ、どれも目には見えないことだからこそ、「言葉」というカタチで表す必要があるのもたしか。つまり、目に見えないけれど大事なことをひとつにつなぎ合わせる役目を果たすのが言語化なのです。

## ▶ 本書の目的は、自分の価値を信じられること

　本書は、やりたいことや自分の強みを見つけたい人、自分の強みを活かしたい人に向けて書きました。すべての基本となるのは、自分を知ること。自分のなかにある思考や感情といったものを言語化し、アウトプットしていくことで「こんな自分もいたんだ」という気づきを授かり、「こんな自分でいいんだ」と自分の価値を信じられるようにもなります。

## ▶ そして、自分に最適な選択ができるようになること

　というより、どのような選択をしても「これが私にとってベスト」だと自信を持って堂々といえるような、自分の選択を正解にできる力が自然と身についていること。それが本書を読み終わった後、あなたに起こることだと約束します。本章には、そのために私のアカデミーでも効果が実証済みのメソッドやワークをたくさん詰め込みました。

## ▶ あなただけの武器は、すでに「自分のなか」にある

　自分らしく生きるために必要な武器は、あなた自身がすでに持っていることに気づきましょう。その武器を掘り起こし、装備して活用し、磨くことによって、この先どんなに価値観や環境が変わろうとも自分の足でしっかりと立っていられるようになり、感情が揺さぶられることで苦しさを味わうこともなくなるはずです。

### さあ、誰かから"買った武器"ではない、
### 自分だけの武器を掘り起こす旅に出かけよう。

# CONTENTS
## PERSONAL LANGUAGE WORKBOOK

# CHAPTER 2
# 自分を活かす
## UTILIZE YOURSELF

## CHAPTER 3

# 自分を表現する
## EXPRESS YOURSELF

# 正解のない時代を
# 生き抜く武器を
# 掘り起こそう

# 「自分の言語化」が
# なぜ必要なのか?

時代の変化に強い武器を装備しよう

▶ 言語化とは何か?

「本当にやりたいことを見つけたい」
「隠れた自分の強みを探したい」
「強みの活かし方を知りたい」

　もしもこれまで一度でもそんなふうに感じたことがあるなら、ぜひ自分を言語化しましょう。言語化は、今あなたが欲しい解を得るために必要不可欠なスキルであり、これからの時代をあなたが生き抜くために必須のアビリティでもあります。

　言語化とは、**頭のなかにあることを自分や相手が理解しやすいように整理し、わかりやすい言葉を使ってアウトプットすること**をいいます。

▶ 自分を言語化する3つの理由

　自分のことを言語化する習慣を身につけておくことが必要になる理由は次の3つです。

- 自分のことを客観視できるようになる
- 伝えたいことが確実に伝わるようになる
- Beingに沿った生き方ができる

　ひとつは、「自分のことを客観視できるようになる」という点です。「なんだかイライラする」「なぜかワクワクする」などと、自分の感情や思考を主観視するのは簡単ですが、客観視する機会は少ないもの。

　言語化すると、「どうして自分は今イライラしているのかな？」「自然とワクワクする理由はどこにあるのだろう？」というように、**自分の感情や思考を冷静に分析し、とらえることができるようになります。**

　それは、自分自身のメンタルの安定に役立つだけでなく、考えていることやアイデアをよりブラッシュアップさせることにもつながります。

　次に「伝えたいことが確実に伝わるようになる」という点も言語化する大きなメリットです。

　自分の感情や思考は、まず自分自身が理解していなければ相手に的確に伝えることはできません。言語化をすることが習慣になると、自分の感情や思考の理解と整理が自然と進むため、**頭のなかにあることをシンプルな言葉で相手に伝えることが楽にできるようになります。**コミュニケーション能力が高い人が言語化を得意とするのは、自分の頭のなかのモヤモヤを端的なワードで要約することが上手だからともいえます。

　最後の「Beingに沿った生き方ができる」という点も私が言語化をおすすめする理由です。Beingについての説明は後ほどしますが、要は「自分の在り方」や「自分の価値観」のこと。形のないBeingは、心で感じたことを言語化して言葉で残しておくことで自分自身に深く刷り込まれ、**自分らしさに一貫性のある生き方ができるようになります。**

▶ 武器は「自分のなか」にある

　さらに、自分を言語化することを進めていくと、その先には、あなたにしか持つことを許されていない、自分だけの武器が見つかるはずです。その武器を備えてさえいれば、どんなに時代や環境が変化しても心折れることなく生きていくことができるほど。そんな最強のアイテムともいえる自分だけの武器を手にする一歩が、自分を言語化することなのです。

武器を見つけるために
必要な3つの力

自分を
知る

KNOW YOURSELF

自分を
表現する

EXPRESS YOURSELF

自分を
活かす

UTILIZE YOURSELF

| STEP 1 | **自分を知る** |
|---|---|
| | 自分の望む在り方や価値観を自分自身が理解する |

| STEP 2 | **自分を活かす** |
|---|---|
| | 自分のリソースを使い、最大限のパフォーマンスを発揮する |

| STEP 3 | **自分を表現する** |
|---|---|
| | より豊かで自分らしくいるために人や社会に自分自身を示す |

## ▶ 「知る→活かす→表現する」のサイクルを回す

　正解のない時代を生き抜くための武器を見つけるためには「自分を知る」「自分を活かす」「自分を表現する」という３つの力が必要です。

　３つの力について、それぞれの詳しい説明は後述しますが、すべてのスタートラインは自分を知ることです。自分の在り方や自分の価値観といった**自分のBeingにもつながることを知り、それをもとに自分を最大限に活かすこと。自分を活かすためには「これが私です」と表現することも欠かせません。**この、知る、活かす、表現するという３つが揃ってはじめて武器として強い力を放ちはじめるのです。

　３つの力を身にまとったら、後はそれをそれぞれ深めていきましょう。体を鍛えるためには定期的なエクササイズが必要なように、いつでもさっと取り出せる武器を装備しておくためには知る、活かす、表現する、のサイクルを回し続ける必要があります。

# 自分を知る

## KNOW YOURSELF

　自分を言語化するためのファーストステップは、自分を知ることです。誰よりも長く付き合っているはずなのに、「意外と自分のことをわかっていない」という人は多いものです。自分を知ることは、自分らしく生きるためのスタートライン。ここでしっかり自分を知る意味を考えましょう。

▶ **自分をマネジメントできるようになる**

　自分を知る最大のメリットは、自分自身を自在にマネジメントできるようになることです。たとえば、落ち込むことがあった時でも、冷静になって気持ちを立て直したり、幸せな時にはよりその気持ちを持続できるようにしたりと、自分を知ることで**自分の人生をハンドリングできるようになります**。

　じつは、よく知っているようでいて、あまり理解できていないことが多いのが自分自身のこと。たとえば、自分のことをよく知らないと「不安になりやすい」「いつも何かを心配している」という場面にもたびたび直面します。自分自身の特性を知らないと、いろいろな情報にさらされた時に「私にも当てはまるかもしれない」「私の場合はどうなのだろう」などといちいち感情が揺らぐことになるからです。

　その点、「私はこうだから」というように自分自身をきちんと知っ

てどっしり構えていれば、自分に必要な情報を自分で取捨選択できて、「それは私には関係ないことだから大丈夫」「その対策は済ませておこう」というように落ち着いて対応できるので、**不安や心配といった感情に心が支配されることはなくなります**。

　ほかにも、自分を知らないと「自分がどうしたいのか」がわからなくなることもあるでしょう。まわりの人に合わせることを優先し続けていると、物事の判断基準が「相手からどう思われるか」という他人軸になってしまいます。すると、いざ自分が好きなことをしようと思っても、本当の自分がわからなくなり、自分がどうしたいのかが見えなくなってしまうのです。

### ▶ 今の自分の状態を客観的に知る

　そもそも「自分を知る」とは、どういうことを指すと思いますか？アカデミーで私がお伝えしているのは、**「今の自分のすべてを客観的に把握する」**ということです。

　好きなことや苦手なこと、何に興味があって、どんなことで悩んでいて、どんな価値や魅力があるのか……あらゆるジャンルで今の自分と向き合うこと、それが自分を知ることです。そこで知った自分についての情報を「いい・悪い」「正しい・間違っている」などと白黒つけて判断せず、ただ「今の自分は、こういう状態なんだな」と感じて知っておくだけでとどめておくようにするのがポイントです。すると、仕事やプライベートなどあらゆる場面で、「今の自分はこうだから、こうしよう」ともっとも心地いいと感じる選択を自然とできるようにもなります。

#### POINT
## 自分を知ることは、自分らしく生きる人生の方向づけをする重要な力になる。

# 自分を活かす

## ── UTILIZE YOURSELF ──

　自分を知ることの次のステップとして、自分を活かすことに注力します。自分を活かすために自分を言語化することは、「自分はどんなことに向いているのか?」「自分らしさ、ってなんだろう?」といった根源的な疑問を解決するヒントにもなります。

▶ **年齢や職業に関係なく「伸びしろ」はある**

「自分の強みはなんだろう?」「自分の強みを活かしたら、どんなことができるのだろう?」そんなふうに、自分のなかに潜む可能性について考えたことはありませんか?　あるいは、もしもそうやって自分のまだ見ぬ可能性について想像をめぐらせても、「でも好きなことや得意なことを仕事にするのは無理だよね」「きっと自分よりもっとすごい人はたくさんいるだろうな」「その分野でトップをとれるほどではないかも」などと自分からあきらめてしまったことはありませんか?

　だとしたら、ここでもう一度、自分を活かすことを真剣に考えるチャンスが訪れたと思ってください。**今のあなたが何歳でも、どんな職業に就いていようとも、今日からの自分を活かすことはできるのです。**

　よくいわれていることですが、私たちが今の自分の強みや価値を意識して使えているのは全体の5パーセント未満にすぎず、残りの95%以上

はまだ自分でも気づいていない潜在意識と呼ばれる無意識の領域です。まだ使われていない意識領域が90%以上もあるということは、それだけたくさんの伸びしろが残されているということになるはず。それなら、自分を活かせる可能性だって、十分にあると思いませんか？

## ▶ 表面化されていない「強みのタネ」に気づく

「自分を活かす」とは、自分の価値観や自分がどう在りたいかといったBeingを大事にしながら、今の自分のままで心地よく生きていくこと。「自分を知る」のステップで知った、今の自分についてのあらゆる情報を材料とするなら、「**その材料をどんなふうに活用したら、自分らしく心地よくなれて、ワクワクしながら最高に満足できるか？**」を考えて、行動に移していくことです。

　自分を活かすことには、私は2パターンあると考えています。ひとつはすでに今の自分にあるものを活かすパターンと、**まだ自分のなかに眠っていて気づいていないものを活かすパターン**。どちらにしても、自分で気づいていなければ活かすことすらできないのはたしかです。

　実際に、自分の持っているものや眠っているものに気づき、それを活かすためには、自分ができることで心地いいと感じられることに取り組んでいくアプローチがおすすめです。

　たとえば私の場合なら、「クリエイティブなことで誰かの役に立つこと」が、自分ができることで心地いいと感じられること。それはどんな人たちに必要とされて、どんな形で届けたらいいのかを考えることが自分を活かすことにつながっていくのだと思うのです。

**POINT**

「できること」×「心地いいと感じること」の
掛け合わせに、自分を活かす強みのタネはある。

# 自分を表現する

## EXPRESS YOURSELF

自分の強みに気づいたら、今度はそれを表現しましょう。コミュニケーションの基本は言語化です。話すことも書くことも、自分を相手に伝えるためには「言葉」を使ったコミュニケーションが必要です。より心地よく、自分らしく生きていくためにも自分を表現し続けましょう。

### ▶ 大事なのは、自分らしく毎日過ごすこと

自分を表現しましょう——そう聞くと「つねにSNSでキラキラしたことを発信していなければいけないの？」「いつでもまわりの人に社交的に振る舞わなければならないの？」などと抵抗感があるかもしれません。

ですが、本書でお伝えしたい「自分を表現する」とは、やみくもにアピールすることや自己主張することとは異なります。頑張って自分をよく見せたり、外面的に取り繕ったりすることでもありません。

自分らしさを示し、自分らしくいられるように毎日を過ごすこと、それが私の考える「自分を表現する」ということです。具体的には、自分の価値観や自分がどう在りたいかといったBeingを周囲に示したり、自分らしい選択や生き方を実践していったりする、ということになります。

いつでも自分を表現していることは、いつでもBeingに沿って生きているということ。自分らしさを理解してもらえるように行動するのと同

時に、**自分の生き方に責任を持つ**ということでもあります。

　自分のBeingを明確に持っているだけでも素晴らしいことですが、さらにそのBeingをまわりの人にわかってもらうためには、ファッションや振る舞い方はもちろん、話し方や書き方といった言葉にして伝える部分にまでリンクさせることが効果的。自分のBeingと言動が一致していると、表現にも説得力が増してきます。

## ▶ セルフイメージとコミュニケーション力を高める

　自分を表現することのメリットはおもに２つあります。

　ひとつは、自分に自信が持てるようになる点です。「私はこうです」といった自分の在り方を表現するのはじつは勇気がいること。必ずしも同意を得られるとは限らないし、時には否定されることもあるからです。ですが、そこを恐れず自分を表現し続けることによって自分で自分の価値を認めることができるようになるもの。そうやって**セルフイメージが高まることで自分に自信が持てるようになる**のです。

　もうひとつは、コミュニケーション力が格段にアップするという点。自分を表現することは、自分以外の他者と信頼関係を築くために必要なプロセスです。あなたが自分を表現することによって、共感する人たちだけでなく「私はこう思います」と別の意見を持った人まで集まってくるはず。そういったアウトプットとインプットを繰り返すことで、自然にまわりからの**信頼を得るようなコミュニケーション力が身についてくる**ようになります。使う言葉や身につけるものを選ぶところから、自分を表現することははじまっています。今日から意識してみましょう。

### POINT
# 毎日使う言葉や身につけるものの選択から
# 自分を表現することははじまっている。

# 正解のない時代に大事なのは、
# 「人は人。自分は自分」と言えること

　時代や環境が変わっても、振り回されない自分でいるためには「武器」が必要です。じつは、その武器は誰もがすでに自分のなかに持っているもの。「他人は他人。自分は自分。このままで大丈夫！」そう思えるような、自分を底から支える最強の武器を掘り起こすための心構えを知っておきましょう。

## ▶ 誰かの真似をしても最強の武器にはならない

　今の自分のすべてを客観的に「知る」、今の自分を「活かす」ことをしながら心地よく生きていく、Beingをもとに自分らしい生き方を実践することで「表現」する——この３つの力を身につけて自分のことを言語化していくと、やがて自分の強みともいえる「武器」を見つけることができます。

　どんな武器なのかは人によって違いますし、それぞれ武器の特徴も異なるもの。同じ結果にたどりつく場合でも、アイデアをひらめくことが武器の人もいれば、慎重に積み上げていくことが武器の人もいます。

　ただ、共通していえるのは、どんな人でも必ずすでに自分の武器を持っているということです。もしも今まだ「自分には武器なんてない」と思い込んでいる人がいるなら、**それは自分が持っている武器に気づいていないだけ。自分のなかに隠れている武器を掘り起こしていないだけな**のです。

　すでに持っている自分の武器に気づいていて、それを活用して生きている人を見ると、その武器はまわりからもとてつもなく輝いて見えるは

ず。そして、同じ武器を自分も欲しいと思って、その人の真似をして似たような武器を手に入れようと努力をすることもあるかもしれません。

　ですが、ほかの人の武器がいかに輝いて見えても、それはそれ。あなたがうらやましがったり、同じ武器をほしがったりする必要はありません。なぜなら、ほかの人が持っている強そうな武器と同じものをあなたがどこから買ってきて手に入れたとしても、もともとあなたが持ち主ではないために、それを活かしきれないケースがほとんどだからです。「買ってきた武器」は既製品なので、あなた仕様にはできていません。いくら素晴らしい武器に見えても、既製品の武器はしょせん誰が使っても同じ力しか発揮できない単なる道具だということです。

## ▶ 「自分のなかにある武器」の価値は絶大

　買ってきた武器は、後から身につけたスキルや誰もが使えるツールと似ていると考えるとわかりやすいかもしれません。

　たとえば、世界中に利用者が広がる対話型AI「ChatGPT」は、導入すれば使う人の仕事をサポートするツールとしては大きな戦力になるものでしょう。ですが、それはあなたにとって唯一無二の武器ではありません。**使い方や質問の仕方次第では誰にとっても同じような便利ツールでしかないのです。**

　だからこそ、自分のなかに眠っているあなただけの武器には価値があります。あなたの価値をよくわかったうえで長い年月をかけてつくられた唯一無二の武器は、あなたにもっともフィットする形でもう仕上がっているからです。使い勝手のよさはもちろん、どういう場面でどう使ったら最大の効果があるかは、あなたがいちばんよく知っているはず。

　あとは、あなた自身の手で、自分のなかの武器を掘り起こす勇気を持つだけ。その武器が、あなたによって使われるのを待っている段階まで迫っているのが「今」なのです。

# あなたは自分のことを
# どれくらい知っている？

　自分のなかにあるものをアウトプットしていくと、「私って、こうなんだ！」といろいろと気づきがあるものです。言語化していくことで、自分でも知らなかった自分と出会う楽しさを味わってください。

## ▷　自分とのコミュニケーションに慣れる

「**すべては自分を知ることからはじまる**」——私がそれに気づいたのは21歳の頃、ロンドンに２週間の一人旅をしたことがきっかけでした。

　それまでの私は自分に自信が持てず、いつも他人と比べては落ち込むなど気持ちのアップダウンが激しく、感情がブレやすかったのも事実。ロンドンでは、ひたすら自分と向き合う時間を過ごしました。自分の心に浮かんだことを、その瞬間からノートに書き出していったのです。

　具体的には、「**何をしている時にワクワクする？**」「**何を恐れているの？**」など、あらゆる角度からの質問を自分に投げかけ、それに答えていくことを毎日ひたすら繰り返しました。

　そうやって、まだ出会ったことのない自分を知るたびに「なんだ、そんなことを思っていたのね。意外とかわいいところがあるなー」「結構、熱いところもあったのね。でもそれっていいことじゃない？」などと、自分に対する愛情とリスペクトの気持ちが湧いてくるもの。自分を知るためのQ&Aを重ねることで、自分自身とのコミュニケーションがとれて信頼関係が築かれていったのです。

　次のページからの質問は、自分を知るためのウォーミングアップです。どんな自分に出会えるのか、ワクワクしながら書いてみましょう。

## POINT

- ☑ まずは楽しくリズムよく質問に答えて、
  自分自身とのキャッチボールに慣れましょう

- ☑ 答えはいくつあっても大丈夫!
  感じたことは遠慮せずに答えてください

- ☑ 「状況によって答えが変わる」「答えに迷う」
  などと難しく考えずに、直感で答えましょう

- ☑ 「ワクワクしない」「答えがなかなか出てこない」
  という質問は飛ばして構いません

- ☑ 飛ばした質問にもう一度戻っても難しいなら、
  いったん保留にして大丈夫です

# WORK

**1.** 自分はどういう人だと思いますか?

**2.** 他人からどういう人だと思われたいですか?

**3.** 誰と何をしている時が幸せですか?

**4.** 退屈だと感じるのはどんな時ですか?

**5.** 苦手なシチュエーションはどんな時ですか?

**6.** ワクワクするのは、どんな時ですか?

CHAPTER **1**

# 自分を知る

KNOW YOURSELF

「自分はどう在りたいか」をまずは考える

# 何よりも大事なのは Being

KEYWORD

Being、在り方、価値観、判断基準、自己肯定感

本当の自分を知るためには、まず「自分の在り方」や「自分の価値観」を知っておく必要があります。この「自分の在り方」や「自分の価値観」を"Being"といいます。Beingはあなたの人生におけるさまざまな"判断基準"になってくれます。

## ▶ 判断基準があると人は迷わない

あなたは、仕事やパートナー、住まいなどを選ぶ時に迷うことはありませんか？　もしも心当たりがあるなら、それは自分の判断基準が曖昧だったり、価値観が定まっていなかったりするから。**自分のBeingが明確になると、それらの迷いがなくなり、Beingに沿った選択や行動ができるようになるため、生き方にも一貫性が生まれます。**

友だちや恋人、家族などの意見に流されることもなくなりますし、他人のSNSを見て嫉妬したり、落ち込んだりすることもありません。

## ▶ 小さな選択からBeingに従ってみる

自分のBeingに沿って生きるということは、自分の心の声に素直に従

い、自分に正直な選択ができているということ。Beingに沿って生きることをはじめると、**「私は私のままでいいんだ！」と自分を肯定できるようになり、自然とポジティブな気持ちが生まれます。**すると人生がどんどんいいスパイラルに入っていくのです。自分のBeingに沿って生きると決めた人からは、「心が安定した」「自分に自信を持てるようになった」という声も聞きます。

今の自分を取り巻くことすべてをBeingに沿って変えることは誰でも難しいはず。だからこそ、まずは**「今日着る服」「今日食べるもの」「今週出かける場所」「今月読む本」**など、目の前の小さな選択を、自分のBeingに沿って決めていく練習をしましょう。そうした日常生活でのBeingの選択に慣れていくことで、少しずつ小さな選択から大きな選択まで、Beingに沿って自分らしく生きていかれるようになります。

▶図　小さなことからBeingに沿った選択をはじめる

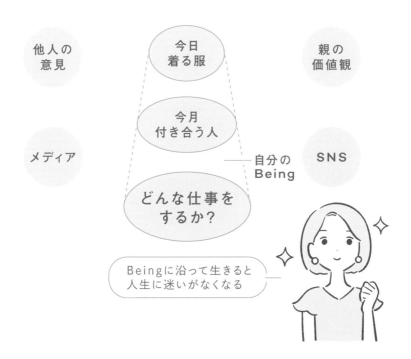

他人の意見

今日着る服

親の価値観

メディア

今月付き合う人

自分のBeing

SNS

どんな仕事をするか？

Beingに沿って生きると人生に迷いがなくなる

## ▶ 同じBeingでつながる効果

　私のBeingは「クリエイティブであること」ですが、自分のBeingに沿って生きていると、自然とまわりには、仕事もパートナーも住まいも自由で柔軟に生きている方だったり、感性を刺激してくれる方が集まってきます。これは、**"同じようなBeing"でつながった選択が関連し合っているため**です。「類友の法則」などともいわれますが、この関係性をうまく活かせば、人生に大きな相乗効果を生みだすことができます。

　私の場合、時間と場所に捉われないビジネスを実現しながら、お互いの価値観や違いを尊重し合えるパートナーとともに、大好きな海や山に囲まれた生活をしていますが、パートナーとは同じタイプではありません。むしろタイプは逆ですが、共通のBeingがあるからこそ、違いを認め合いつつ、一緒に良い関係を育んでいけるのだと思います。価値観はすべて同じでなくていいですが、深く関わる人とは譲れない価値観が一緒だったりします。

## ▶ 例を参考に自分のBeingを考えよう

　Beingの例としては、以下のようなものが挙げられます。

- ・常に笑顔でワクワクした気持ちでいたい
- ・愛に溢れ、穏やかで優しい自分で在りたい
- ・たくさんの人に影響を与える自分でいたい

　あなたのBeingはいったいどんなものでしょうか。最初から「私のBeingはこうです！」と言える方は多くはありません。少しずつ自分のことを知り、この後に続くワークでBeingを明確にしていきましょう。

目に見えるモノやコト、状態を指すもの

# 多くの人の夢や目標は Doing

―――――――――― KEYWORD ――――――――――

Doing、行動、状態、モノ、コト、夢、目標

「あなたの夢はなんですか？」「どういう目標を持っていますか？」と聞かれたら、あなたはなんと答えますか？　ほとんどの方が「○○になること」「年収○○万円」「○○に住むこと」「○○を手に入れること」などと答えるのではないでしょうか。

　こういった具体的な「行動」「状態」や「モノ」「コト」を指すものをDoingといいます。

## ▶ DoingとBeingの関係

Doingには、こんなものがあります。

- ・年収1,000万円稼ぎたい
- ・起業したい
- ・結婚がしたい
- ・マイホームがほしい
- ・5キロ痩せたい

このようにDoingは具体的な行動や状態ですから、他人と同じになる

ケースがあります。しかし、**たとえDoingが同じであっても、そのベースとなるBeingまで同じということは、そう多くはありません。**

　たとえば、「年収1000万円稼ぎたい」と考えている人はたくさんいますが、その理由が「家族から尊敬されたいから」という人もいれば、「海外にたくさん行きたいから」という人もいるでしょう。

　また、起業したい理由が「人に指図をされずに自由に働きたいから」という人と、「自分のやり方で社会問題を解決したいから」という人とでは、たとえDoingが同じであっても価値観や考え方が大きく違いますから、起業家になったあとの経営方針はまったくの別物になるはずです。

▶ 図　**Doingが同じでもBeingが違うケースは多い**

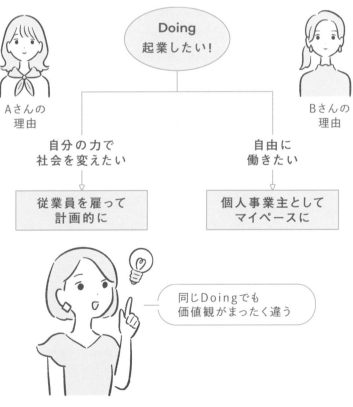

BeingとはDoingにとってのエンジンのようなもの。人それぞれの
Beingがまさにその人の個性となり、「このDoingを成し遂げたい」と
いう原動力になるのです。

　だから、自分のBeingがわかっていないと、Doingのための行動を継
続することが難しくなるのです。

▶ 夢や目標を叶える手段はひとつじゃない

　自分の夢や目標を叶える道が、必ずしもひとつのDoingということは
ありません。それよりも、**自分のBeingを優先しながら生きていると、
夢や目標にしていたDoingが変わってくることがあります。**

　先ほどの「起業したい」というDoingの例でいえば、「起業しなくて
もこの職場なら自由な働き方ができるんだ」とか「年収1000万円を稼
がなくても旅行会社に勤めたら頻繁に海外に行けるんだ」などと、自分
のBeingを大切にしていれば、必ずしも夢や目標にしていたDoingでな
くても十分に充実感を得ることができます。

　だからこそ、自分の価値観であるBeingを知り、Beingに沿って生きる
ことが何よりも大切なのです。

▶ Beingに沿ったDoingを積み重ねていく

　Beingは何よりも大切ですが、Beingを決めるだけでは夢や目標は叶い
ません。**実際に行動していくことで叶います。その行動こそDoingな
のです。そして、そのDoingはBeingに沿っている必要があります。**

　たとえば、つねに前向きで在りたい（Being）からポジティブな言
葉を使う（Doing）や、つねに笑顔でいる（Doing）など。このように
Doingを実践することで、在りたい自分を叶えていけるのです。

自分でも気づいていない「本質」にたどり着くカギ

# 「なぜ?」を
# 自分に繰り返す

---

KEYWORD

---

Being、好きなこと、やりたいこと

「自分の在り方」や「自分の価値観」を表すBeingを見つける方法があります。それは、自分自身に「なぜ?」という問いかけを繰り返すことです。

## ▶ 自問して「本質」に迫る

「なぜ?」を自分に問い続けた先には、Beingのヒントが隠されています。**「なぜこれを選んだの?」「なぜこれが好きなの?」「なぜこれを苦手だと思うの?」**というように、「なぜ?」を問い続けてみましょう。

数回で自分のBeingにたどり着く場合もあれば、「よくこのキーワードが出てくるなということは、私はこれを大事にしたかったってことね!」と本音に気づける場合もあるでしょう。

## ▶ 客観視するために「書き出す」

はじめのうちは、「なぜ?」という問いかけに対し、頭で考えただけでパッと答えを出すのは難しく感じられるかもしれません。そんな時は、ノートを使って質問や答えを書き出すことをおすすめします。

　文字にすると、自分でも気がついていなかった本心や、漠然としていた考えがスッキリ整理されます。自分で書いたことを客観的に眺めることで、**「私って、こんなことを考えていたんだ！」**と気がつくこともあるでしょう。

　ほかにも、自分の中にある感情や思いを紙に書き出していくことを「ジャーナリング」（P60参照）といい、過去の偉人や有名な経営者たちが数多く実践しています。

▶図　「なぜ?」を繰り返して自分のBeingに気づく

＼ START ／

海外旅行がしたい！

なぜ、日本ではなく海外がいいの?

海外のビーチでリラックスしたいから

なぜ、リラックスしたいの?

リラックスした状態で
普段は思いつかないことを考えたいから

# クリエイティブで在りたいから！

ここに自分のBeingが
隠れている！

## ▶ 上手な「なぜ?」の問いかけ方

「なぜ?」という問いかけを繰り返す時に気をつけたいポイントが3つあります。

（1）どんな時に「なぜ?」と問えばいいの?

あらたまって「さあ、問いかけよう」と思っても、なかなか問いかけるべきことが思い浮かばないことは多いもの。それよりは、ふと「こんなことがしたい」「○○に行きたい」「これが好き」「これって苦手だな」などと、**自分の心が自然に動いた時が「なぜ?」と問いかける絶好のタイミング**です。

（2）どんなふうに「なぜ?」と問えばいいの?

「どうしてそれを選んだのか、答えなさい!」などと尋問するのはNGです。問い詰めることによって心が委縮してしまい、本当の答えが出にくくなってしまうからです。自分自身に**愛を込めて、優しく問いかけ**ましょう。

（3）やってはいけない「なぜ?」の問いかけ方は?

「なぜ?」を問うことや、その問いに対して答えを導き出したり書き出したりすることが、「しなければならないタスク」のように感じられる時は、問いかけるのをやめましょう。**心が動かないまま、頭で無理やり考えただけの「なぜ?」は、表面的であって本当の答えではないことが多い**からです。

# WORK

Beingのヒントを探る

自分の「好きなこと」「やりたいこと」を書き出してみましょう。そして、それに対して「なぜ？」と問いかけることを繰り返してください。

---

**1. 好きなこと**

なぜそれが好きなの？

理由

---

**2. やりたいこと**

なぜそれをやりたいの？

理由

BeingのないDoingに価値はない

# 目標を達成しても
# 充実感がない理由

---
KEYWORD
---

Being、Doing、目標、充実感

「結婚したら幸せになれると思っていたのに、いざ結婚したら不満だらけで幸せとはほど遠い」「年収1000万円になりたくてやっとの思いで叶えたのに、その途端すべてのやる気がなくなった」……こんなふうに、**せっかく目標を達成したのに充実感を得られないのは、Being**が満たされていないからです。

## ▶ 他人の目標で生きると不幸になる

目標を持つこと自体はとても素晴らしいことです。ですが、せっかくその目標を達成しても、「思っていたことと違った……」というように、あまり充実感が得られないという場合、**その目標がDoingに傾きすぎている可能性があります。**

たとえば、「結婚したい」という目標があったとして、その理由が「結婚しないと幸せじゃなさそうに見られるから」「結婚しているべき年齢だから」「両親の喜ぶ顔が見たいから」という場合、その目標は他人軸のDoing に傾きすぎているといえます。

**自分以外の人や世間の物差しを基準にしたDoingベースの目標は、自分が心から望んでいるBeingが叶えられていません。**

モノやコト、状態を表すDoingは、そこに自分の在り方や価値観を表すBeingがなければ、たとえそれを手に入れても充実感がないのは当然のこと。それでは結婚しても気持ちが満たされることはないでしょう。

仮に自分のBeingが「いつでも自由で何にも制限されず、常にワクワクしていたい」だった場合、結婚したことで「夫とずっと一緒にいるのがしんどい」となり、目標を達成したのに全然幸せじゃない結果を招くケースもあるのです。

## ▶ Beingに沿った目標を立てる

Beingのある目標は、達成したことが新しいスタートにもなります。

たとえば、私にとって「本を出す」というDoingには、「**自分で自分を幸せにできる人を増やすために大切なことを伝えたい**」という**Being**があります。だから、出版をスタートとしてますますモチベーションをアップしていくことができましたし、14冊もの本を出版することができたのだと思います。

もしも、この目標にBeingがなかったら、単に本を出すことがゴールになって、出版したらそこで終わり、充実感もそれほど得られなかったのではないかと思うのです。

### ▶ 表　正しい目標の立て方の例

| 自分軸の目標 | 他人軸の目標 |
|---|---|
| 多くの人に思いを広めるために出版する | 人に尊敬されたいから出版する |
| 健康な生活を送りたいから5kg痩せる | 彼氏に褒められたいから5kg痩せる |
| 頑張った自分をほめてあげたいからブランドバッグを買う | 友だちに自慢したい（できる）からブランドバッグを買う |

▶ 「なぜ、そう思ったのか?」と考える

　目標を達成した時に充実感をしっかり得るためにはコツがあります。それは、目標を立てる際、**自分に「なぜ、私はそう思ったのかな?」という問いかけをしてみる**ことです。
　さて、あなたのDoingの先にある、本当に欲しいBeingはなんですか?

◗図 「なぜ?」を繰り返して自分のBeingに気づく

目標
## 今よりも5キロ痩せたい!

なぜ痩せたいの?

自分の体型が嫌いだから

なぜそう思うの?

理想の体型に近づいて
もっと自分を好きになりたいから!

それはなぜなの?

自信がある自分でいたいから!

「なぜ?」を自分に繰り返すと
Beingに近づくことができる!

LESSON 05

「ないもの」にフォーカスしているうちは幸せになれない

# 「あるもの」に フォーカスする

KEYWORD

あるもの、ないもの、ストレス、マインドフルネス

「ないもの」にフォーカスしていると、つねに「あれが足りない」「これが満たされない」というストレスがついてまわるもの。ところが、**フォーカスする先を「あるもの」に変えるだけで、いつでも満ち足りた充**実感や幸福感を得ることができるようになります。

## ▶ 「ないもの」にフォーカスするのは究極のストレス

コロナの脅威にさらされたステイホーム期間、あなたはどんなふうに感じていましたか？

「海外旅行に行けない」「やりたいことができなくてストレス」「楽しみにしていたイベントがなくなってしまった」などと、ネガティブな側面ばかりを見て、落ち込んではいなかったでしょうか。

厳しい言い方になりますが、こんなふうに「ないもの」にフォーカスしているうちは、いつまでたっても幸せにはなれません。

では、どうしたら幸せになれるのか。

それは「あるもの」にフォーカスすることです。

## ▶ どんな人にも「あるもの」は存在する

　現代を生きる私たちの心と身体の健康（ウェルビーイング）によいとされているマインドフルネスは、ストレスをためにくくしたり仕事のパフォーマンスを上げたりする効果が見込まれ、世界中の多くの著名人や大企業も取り入れている習慣のひとつです。

　具体的には、過去の失敗や未来の不安といったネガティブなことではなく、**今この瞬間にあるものに心を向けることに集中します。これが、「あるもの」にフォーカスする、ということです。**

🔵図　「ないもの」より「あるもの」にフォーカスして考える

年末年始は家族で過ごしている

ないものにフォーカスすると…

「毎年同じで退屈。
旅行に行きたい」

「SNSではみんな出かけて
楽しそうにしてる」

不満が募って
モヤモヤする

あるものにフォーカスすると…

「今年も家族で健康に
過ごせていることに感謝」

「安心して帰る場所が
あるのはありがたいな」

心が満たされて
幸せな気持ちになる

たとえば、コロナ禍のステイホーム期間の例でいえば、「家にこもることで普段できなかった片づけや掃除ができてよかったな」「家族と一緒に食事をとる機会が増えてうれしいな」「こんな時でも毎月きちんとお金をもらえる仕事があってありがたいな」ということです。

こんなふうに、今あるものにフォーカスすると、感謝の気持ちが湧いてくるだけでなく、満たされた気持ちにもなるものです。**住まいや仕事、家族や健康など、あなたがどんな環境にいても、「あるもの」は存在します。**

## ▶ 人生でもっとも大事なことは何か？

私が主宰するアカデミーを受講する生徒さんに、こんな方がいらっしゃいました。

その方とはじめてお会いした時、「離婚して自立するために、このアカデミーを受けようと思いました」と受講のきっかけを話していたのを覚えています。ところがその後、アカデミーのなかで自分と向き合うさまざまなワークをしていくうちに、「これまで旦那さんがしてくれたことを、私はずっと当たり前に思いすぎていました。でも、あらためて振り返ってみると、感謝すべきことばかりだったんですね」と泣きながら、新たな気づきを得たことを語ってくれました。

アカデミーを卒業する頃には、彼女は離婚するのではなく、その反対に旦那さまとラブラブな関係を取り戻していました。「あるもの」にフォーカスした結果、大きな愛情を手に入れたのです。

**今この瞬間に「何を」「どう」感じるのか。**それが、私たちの人生でもっとも大事なこと。ぜひ「あるもの」にフォーカスする練習をしてみましょう。

( LESSON 06 )

今の自分が考える人生の価値観と定義

# 人生において大事な
# 3つのテーマは?

---
KEYWORD
---

テーマ、価値観、大切にしたいこと、在りたい自分

あなたが自分の人生において大事にしたいテーマはなんでしょうか?
あるいは「こう在りたい」と思う自分については、どんなキーワード
が浮かびますか? 本当の意味で夢を実現し、充実感を手に入れたいの
なら、自分にとっての「人生の大事なテーマ」を知ることです。

## ▶ 家族や友だちに惑わされないこと

自分にとっての「人生においての大事なテーマ」を考える時のポイン
トは、家族や友だちなどまわりの人からの意見や、テレビや雑誌、SNS
といった情報に惑わされないことです。そして、モノやコト、状態を表
すDoingではなく、自分の在り方や価値観を表すBeingを基準に、自分
に質問をしながら考えてみましょう。

そうやって考えた「人生においての大事なテーマ」を３つ書き出して
みましょう。そして、その３つの各テーマについての意味を、それぞれ
自分なりに書き出してみてください。

３つのテーマと意味を書き出せたら、そのテーマを何度も繰り返し、
見返して「こんな自分でいよう」「これを大切にして生きよう」と自分
にリマインドします。

▶ **価値観やテーマは変わっていくもの**

自分に質問することに慣れていないうちは、書き出すのが難しく感じられるかもしれません。もちろん、最初から完璧な答えを書こうとする必要はありません。3つではなく1つでも十分です。この本を通じて、どんどん自分と向き合っていくうちに、少しずつ自分の中での答えが出てきやすくなるはずです。

はじめは、仮のテーマでも構いません。一度書き出しても価値観やテーマは変わっていくこともあるからです。一度書き出したらそのままにするのではなく、定期的に見直すことも欠かせません。**その時の自分の大切にしたいことや在りたい自分を見つめ、言語化していきましょう。**

たとえば「人生においての大事なテーマ」の書き方の例として、以前私が書いたものをご紹介します。

（1）自由
自分で自分の人生を切り拓けること。世間の価値観ではなく、自分の価値観を軸に、自分に正直に生きられること。時間と場所にとらわれない働き方とライフスタイル。

（2）クリエイティブ
枠にとらわれず、常に自由にイメージしアイデアを形にしていく。0から1を築く。新しい価値観の創造、柔軟な思考でいられること。

（3）チャレンジ
人生は一度きり、やらずに後悔することだけは絶対にしたくない。思いついたものはすぐにやってみる。まだ見ぬ自分の可能性を探し続ける。挑戦し続ける生き方を貫き、人に勇気を与え、人をインスパイアする。

## ▶ その日のテーマを決めて過ごす

「人生においての大事なテーマ」を考えて、自分に言い聞かせることは、毎日のルーティンにも応用できます。何も考えずにただ毎日を過ごすより、**毎朝「こんな1日にしよう」と、その日のテーマを設定することで、1日をより楽しく過ごせるようになり、夢や目標に向かうモチベーションが生まれます。**

　自分が大切だと思っていることを大切にして生きられたら、そして毎日を在りたい自分で過ごせたら、人生の充実度が増していきます。それは、「自分で自分を幸せにできる」という自信にもなるでしょう。

　そうやって「私は私でいいんだ!」「私の人生って素敵!」という感覚を手に入れることができたら、他人や世間に流される人生とは無縁になるはずです。

### ▶図　テーマに沿ったスケジュールを手帳で管理する

| | Monthly | |
|---|---|---|
| MONTHLY BEING EXAMPLE | **12** | DECEMBER |

| 今月のBeing(テーマ) | そのために今月必ずやること&やりたいこと |
|---|---|
| 自分を知る | 手帳の冒頭ワークや、100の質問ノートを完成させる |
| 身の回りを整理してスッキリ | ・仕事のタスクの書き出しとタスクの断捨離<br>・仕事と家庭の役割分担を明確にする<br>・家の片づけ |
| 決めて行動する! | 自分の価値観に沿わないものを生活から排除していく。<br>自分が心から信じることやワクワクすることしかしない。 |

# WORK

### 人生のテーマとその意味

自分の人生において大切なテーマ（価値観）を
３つ書き出してみましょう。そして、その３つ
の意味を自分なりに書き出してみてください。

---

**1.** テーマ

........................................................................................

意味

---

**2.** テーマ

........................................................................................

意味

---

**3.** テーマ

........................................................................................

意味

他人を意識して生きるほど人生は長くない

# 自分の優先順位を
# 明確にしておく

───────── KEYWORD ─────────

我がまま、優先順位、正直に生きる

わがままでもいいのです──こんなふうにお伝えすると、あなたはどう思いますか？ 「わがままなんてダメでしょ。嫌われたくないし」などと思う方もいるかもしれません。

でも、じつは「わがまま＝自分勝手」ということではありません。だからもっと、わがままになっていいのです。

▶ 「我がまま」に生きる

わがままとは本来、「我が」「まま」を表す言葉。つまり、「私のまま」という意味です。「私のまま」とは、**「私は私。誰かの価値観や意見に左右されることなく、自分がいいと思うことに素直になる」**ということになります。そして、自分がいいと思うことに優先順位をつけて動くと、人生は充実します。

我がままな生き方は、自分を大切にできるだけではありません。我がままな人は、自分だけでなく自分と同じように他人の価値観や意見も尊重できるので、他人の言動にいちいち腹を立てることもなく、ストレスをためにくく、疲れないというメリットもあります。

## ▶ 自分と他人の優先順位は違うもの

いつでも優先順位をつけて我がままに生きる、というのはこういうことです。

> いつもの仲間でプロジェクトを立ち上げようという話になった時、みんなは盛り上がっているけれど、あなたは家族を大事にしたいと思う時期でした。なので、途中までは一緒に話を進めていたものの、思い切ってその思いを正直に伝え、自分だけはそのプロジェクトを降りることにしました。

こんなふうに優先順位をつけて我がままに動くと、ときには自分勝手だと思われたり、嫌われてしまったりするかもしれません。とくに協調性を重んじる文化が根強くある日本では、自分の優先順位にしたがって生きることに罪悪感を抱いてしまう人がいても不思議ではありません。

でも、**私たちは我がままに生きていい**と思うのです。全員が遠慮をしたり、気を遣って本心を言わずに他人に合わせてばかりいたりすると、重苦しい空気感は伝染するもの。

だからこそ、その空気を打破する勇気は必要です。あなたが率先して我がままに生きることで、まわりの人も自分の価値観や意見を表現しやすくなるはずです。

## ▶ 限られた時間で「何に」エネルギーを注ぐか

優先順位をつけて我がままに生きたい時は、まずは自分の気持ちに正直になることからはじめましょう。そして、その気持ちをそのまま紙に書き出してみてください。誰に見せるわけでもなく、書いた紙は破り捨

ててもいいのです。

　大事なのは、「私は、こんなふうに思っているんだな」「私って、こんなことを感じているのね」などと、**今の自分を客観的にとらえること**です。それができるようになれば、「だとしたら、私は今、このことを優先させたほうがいい」と、冷静な判断や行動ができるようになります。

　我がままに生きる人が増えたら、人生という限られた時間のなかで、自分がより大切にしたいことに時間やエネルギーを注ぐことができるようになるはず。他人や世間に対し、不平不満や悪口を言う人もいなくなり、とても豊かで平和な社会になるでしょう。

▶ 図　我がままに優先順位をつける

EX.
1位：子どもとの時間　2位：自分らしくいること　3位：仕事においての成長

|  | TO DO リスト | 優先順位をもとに<br>やること |
|---|---|---|
| 家庭 | ・食事づくり<br>・子どもの送迎<br>・家事<br>・子どもの寝かしつけ | 子どもの送迎と寝かしつけ以外は家事代行サービスを利用して子どもと過ごす時間を確保する。 |
| 自分 | ・美容院に行く<br>・ネイルサロンに行く<br>・友だちと食事に行く<br>・ひとりで映画を観る | ネイルサロンが併設された美容院に行って時短美容Dayをつくる。映画を見ることは仕事にもつながるから、今は友だちとの時間よりもひとり時間を優先しよう。 |
| 仕事 | ・資料づくり<br>・資格試験勉強<br>・展示会に行く<br>・フルタイムで働く | 子どもが小学校に入るまではフレックスで働けるように会社に申請しよう。資料づくりや資格試験の勉強をする時間は必ず確保したい。出張が伴う展示会はやめておく。 |

# WORK

## 優先順位を明確にする

大切だと思うこと「家族・健康・お金・仕事・趣味・遊び・休養・仲間・人間的成長・その他（好きなワード）」を優先順位ごとに並べ、理由や気づきを書きましょう。

1位 ..................................
2位 ..................................
3位 ..................................
4位 ..................................
5位 ..................................

6位 ..................................
7位 ..................................
8位 ..................................
9位 ..................................
10位 ..................................

### 気づきや感じたこと

### 順番の理由

自分の価値観を知るひとつの方法

# マインドマップで「自分」を具現化する

—————————— KEYWORD ——————————

マインドマップ、Being、テーマ、目標、潜在意識

　自分が大切にしている価値観や在り方のBeingを知るためのひとつの方法としてマインドマップがあります。マインドマップは、頭のなかで考えていることや思いついたアイデアを視覚的に整理する「図」なので、ひたすら言葉で考えるより、自分のBeingをとらえやすくする方法としてもおすすめです。

## ▶ 紙の中央に「掘り下げたいテーマ」を書く

　自分のBeingを知るためのマインドマップをつくる時は、**まず紙やノートの中央に掘り下げたいテーマや目標、キーワードを書きます。**そして、それに沿って連想する言葉や派生するワードをまわりに書き出し、線でつないでいきます。この作業を繰り返し、紙やノートの余白がなくなるまで続けます。

## ▶ 定期的に潜在意識とつながる

　書き出していくうちに、はじめは考えてもいなかったワードが出てきたり、思いがけない方向に考えが派生していったりすることもあります

が、そこがマインドマップの面白いところ。自分で認識している顕在意識と呼ばれる部分だけでなく、自分では認識できていない潜在意識の部分に気づくことができるようになります。**自分が「何を考えていたのか？」「どうなりたいのか？」といったビジョンが明確になる**からです。

潜在意識とつながって生きることは、自分の隠れた才能や興味を見つけやすくなるということ。人生のパフォーマンスも上がり、毎日がよりワクワクしたものになるのです。

▶図　マインドマップで自分のBeingに気づく

| Step1 | 紙やノートの中央に掘り下げたいテーマや目標を書く |
|---|---|
| Step2 | そこから連想するワードやイメージを書き出すことを繰り返す |
| Step3 | 同じキーワードを線でつないだり、よく出るキーワードをマークする |

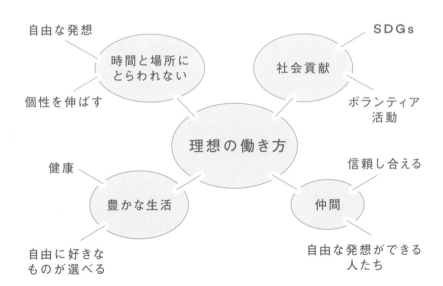

## ▶ 何度も出るワードを追求する

　実際に書き出してみると、完成したマインドマップのなかに同じワードが何度も出てくることがあります。それこそが、Beingのヒントです。「このワードは何度も出てくるな……」で終わらせるのではなく、**「なぜ、このワードが何度も出てくるんだろう」と自分に問いかけてみましょう**。そうすることで、「私はこのことを大切に思っているんだな」「私はこういうことが気になっているのね」という"気づき"のきっかけになるはず。そして、それをぜひ大切にしてください。

　ちなみに、マインドマップの末端に書き出したものは、そのこと自体は小さいことかもしれませんが、すぐに行動に移すことができるような具体的なことが多いもの。じつは、その小さなことから行動をはじめてみると、少しずつ夢や理想の状態に近づいていきますよ。

### ▶ 図　同じキーワードを意識する

「私は"自由"に生きたいんだ！」
というBeingのヒントが見つかる！

# WORK

## マインドマップをつくる

自分のマインドマップをつくって自分自身のことを掘り下げていきましょう。連想ゲームのようにイメージしながら書き出していくとよいでしょう。

思考した答えは根本的な解決につながらない

# 答えを
# 頭で出さない

KEYWORD

本当の自分、潜在意識、感情、心、身体

「本当の自分」で生きたいと願うのであれば、思考ではなく感情や感覚、頭ではなく心や身体からの声にしたがって素直に行動しましょう。**私たちは、どうしても頭で考えたことが正解だと思ってしまいがちですが、じつはそうではありません。**もっと自分の心と身体の声に耳を澄ませてみませんか?

## ▶ 本当の自分で決断する

私のアカデミーを受講してくださった方のこんなエピソードがあります。

その方は、美容メーカーに勤務している優秀な方で、ある時、昇進のオファーがあったとのこと。昇進することは、彼女が就職した当初から望んでいたことでした。役職がつくことによりお給料もアップするため、家族が喜ぶことも間違いありません。

一方で、これまでと比べて忙しくなることは確実で、そうなると「自分の好きなことをする時間が減るのではないか」と悩む気持ちもあったといいます。

さて、彼女はどんな決断をしたと思いますか?

　じつは、待ち望んでいた昇進でしたが、彼女は熟慮の末にお断りしたのでした。理由は、**昇進した自分を考えた時に心がワクワクしなかったから**。「アカデミーを受講して自分のBeingが明確になった今、頭で考えるのではなく心や身体からの声に正直になるほうを選びました」と言います。仕事のお休みには「自分の好きなことで、誰かの役に立つことをしたい」というBeingを活かしたライフワークを見つけた彼女は、とてもイキイキしていました。

　私自身、同じような経験を数多くしています。ただ、選択を間違うことも多く、そうした失敗から学んだ結果、今は思考よりも感情、頭で考えて出した答えより心や身体からの声にしたがって行動できるようになったともいえます。

▶ 図　頭で考えるより心や身体からの声にしたがう

頭で考えると......

「お金が稼げるから」

「人に『すごいね』と
思われそうだから」

「会社の上司に
喜んでもらえるから」

↓

「やめておけばよかった」
と後悔することが多い

心や身体からの声を聞くと......

「面白そうだから挑戦してみよう」

「自分の強みを活かせそうだし、
やってみたいな」

「ワクワクしないから
見送ろう」

↓

本当の自分で決断すると、
心が軽くなることが多い

## ▶ 自分の無意識にしたがう

意識というものの全体を100％とした場合、頭で考える顕在意識はわずか1〜5％。海面から出た氷山の一角にたとえられるほど、わずかな部分です。

一方、心や身体の感覚から湧き上がる、無意識の感情や感覚の潜在意識は、なんと95〜99％にもなるといわれています。

ということは、「本当の自分」は、頭で考える顕在意識ではなく、心と身体で感じる潜在意識のほうに宿っているといえるのではないでしょうか。**心と身体の感覚にしたがって素直に生きるということは、自分が本心で望んでいる道や、魂が喜ぶ道に向かって進むということです。**

今はまだ自分のBeingを完全には理解していなかったり言語化できていなかったりしても、心と身体の感覚にしたがって進めば、Beingにしたがう生き方が自然とできるようになるでしょう。

## ▶ 身体が楽なほうを選ぶ

心や身体の声が聞こえない、自分の感情がわからない、という場合でも大丈夫。身体の感覚をヒントにしましょう。

たとえば、2つの選択肢が目の前にあったとします。**それぞれの方法で進めていくことをイメージした時、どちらが身体が楽だと感じますか？** より楽だと感じたほうが正解、「本当の自分」がそこに存在します。

私はこれを人間関係の選択基準にもしています。一緒にいることをイメージした時、息が詰まるような人は遠ざける、というように。自分の心と身体の健康を守るためにも、身体が楽に感じるような人と一緒にいるようにしています。

LESSON 10

意識を変えると見える世界が変わる

# 自分のなかにある言い訳を手放す

---

KEYWORD

---

言い訳、夢、理想、客観視、意識

「でも」「だって」「どうせ」「だから」……あなたは日常的にこんな言葉を使ってはいませんか？　こうした「Dのつく言葉」は要注意です。こうした言葉を発しているうちは、どれほど素敵な夢や理想があっても、それを叶えることができません。「Dのつく言葉」は言い訳の言葉。**言い訳は、夢や理想を遠ざけてしまうのです。**

## ▶ できないことは何もない

あなたは今、Beingを優先して毎日を過ごしているといえますか？もしもそれができていない場合、「でも、どうしようもないことだから」と諦めてはいませんか？

たとえば、「コロナ禍だけれど海外旅行に行けるかな？」と考えたとします。その時、「でも、新しいウイルス株が出てくると危険だから」「どうせ、手続きが面倒だし」「だって、航空券が高いから」という言い訳をつくって、せっかくのチャンスに乗らずに海外旅行をあきらめることは簡単です。

**ところが、実際は必ずしも不可能なことではないはず。新しいウイルス株を必要以上に恐れても、次にいつ現れるかは誰にもわかりません。**

手続きだって時間と手間をかければクリアできるし、航空券も安い時期を狙うという作戦もあります。そんなふうに、じつはさまざまな方法があることがわかってきます。すると、コロナ禍でも海外旅行に行くことは、想像していたよりも難しいことではないように思えてくるものです。「でも、仕事が忙しいし」「どうせ、時間もお金もないし」「だって、子どもがいるし」といった**「Dのつく言葉」の言い訳を手放さない限り、夢や理想があっても叶えることはできないし、人生は豊かになりません。**

## ▶ 言い訳をしたら、すぐに「撤回する」

　言い訳をひとつずつ手放していくと、道は開けます。言い訳を手放すということは、裏を返せば、自由で柔軟でクリエイティブな発想をするということです。**言い訳を手放すことで、できることの選択肢は圧倒的に増えます。**すると、目の前にある状況のなかから、よりベストな選択

▶ 図　言い訳を手放してなりたい自分に近づく

**Being**

毎日、海辺でリラックスする時間を
持てる人生を送りたい

| 言い訳すると… | 言い訳を手放すと… |
|---|---|
| 「でも、家族がいるから私にはできないな」 | 「家族に引越しの相談をしてみようかな」 |
| 「どうせ、自由な仕事じゃないと無理だよね」 | 「リモートワークできる仕事を探そうかな」 |

夢や理想には
いつまでも
近づけないまま

夢や理想に着実に
近づいている！

ができ、着実に夢や理想に近づいていけるのです。

　いきなり言い訳をゼロにするのは難しいかもしれません。ですが、言い訳を口にしたり考えてしまったタイミングで、「撤回します！」と宣言して「今のは言い訳でした！」と自分で認めたり、すぐに言い換えをしたりして少しずつ言い訳を減らしていきましょう。

▶ 言い訳を手放す3ステップ

　言い訳を手放すためには、次の3つのステップが効果的です。

Step1. 客観的に自分を見る
Step2. 言い訳している自分を認める
Step3.「じゃあどうしたら？」と考える

　まずは、客観的に自分を見て、今の自分が言い訳をしていることに気づく必要があります。具体的には、自分で自分に質問してみることです。

　たとえば、一日の終わりに「今日、自分が考えたことや誰かに話したことで、言い訳をしていることはなかったかな？」と自分の言動を振り返り、自分に問い合わせるようにします。

　そして、言い訳をしている自分がいたら、否定せずきちんと認めること。それが、言い訳をしている自分に気づく第一歩です。

　次に、その言い訳の代わりとして、「じゃあ、どうやったらそれをできるようになるかな？」と考えるようにします。できない理由を探すより、「どうしたらできる？」というクイズを解くような気持ちで、自分自身とブレインストーミーティングをしてください。

　すると、クイズの答えを探そうとして、自分自身の意識がガラリと変わりはじめます。**環境や状況は変えられなくても、意識を変えるだけで見える世界がまったく別のものになっていくのです。**

自分の感情が動いた時こそジャーナリングが有効

# 書く瞑想で
# 自己理解を深める

KEYWORD

ジャーナリング、感情、感覚、マインドフルネス

　まだ自分でも気づいていない夢や理想、目標などを引き出し、それを自分の人生で叶える。これを可能にするのが「ジャーナリング」です。頭のなかや心のなかにあるものを書き出していくジャーナリングをすると、問題が整理されます。すると、**今のあなたに何が必要で、何が不要なのかが見えて、意識が変わり、行動も変わりはじめる**のです。

## ▶ 感情が動いた時がチャンス

　ジャーナリングは、頭に浮かんだことや心のなかにあるものを、ひたすら紙やノートに書き出す、「書く瞑想」ともいわれる作業です。頭のなかでグルグルとめぐらせている思いや、漠然とした悩みも、ジャーナリングをすることでスッキリと整理できるようになります。文字にして書き出すというアウトプットのプロセスのなかで、**自分を知り、自分の感情を再認識する**ことも可能です。

　とくに「これが好き！」「これがイヤだ！」などと、**感情や感覚が動いた時は、ジャーナリングをするチャンス**です。感情や感覚はナマモノなので、「あとで書けばいいや」と先送りにせず、ぜひその瞬間に試してください。

## ▶ 自分の内側と向き合う習慣を持つ

　今この瞬間に意識を向けて、それを感じることに集中するマインドフルネスは、忙しくてストレスフルな私たち現代人には必要な習慣です。「Mind＝心や意識、精神」が「Full＝満たされている」「Ness＝状態」は、今ここにあることだけを見るだけで、その体験に価値判断をしません。**たとえ何かを手に入れて心が満たされたような気がしても、その感覚が長続きしないのは、それが自分の外側からもたらされた満足感**だから。今この瞬間にあることに気づいて、それを深く感じることができなければ、いつまでも本当に心が満たされることはないのです。

　だからこそ自分の内側から幸せで満たされることが大切であり、その幸せを生み出すきっかけとしてもジャーナリングはおすすめの方法です。

▶図　ジャーナリングで心が整うメカニズム

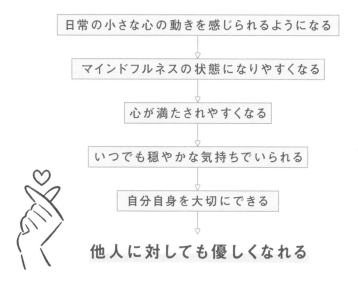

日常の小さな心の動きを感じられるようになる

マインドフルネスの状態になりやすくなる

心が満たされやすくなる

いつでも穏やかな気持ちでいられる

自分自身を大切にできる

**他人に対しても優しくなれる**

## ▶ ジャーナリングの３つのポイント

ジャーナリングをする際のポイントは３つあります。

**（１）包み隠さずに書く**
自分に正直に、ネガティブなことも含め、頭や心に浮かんだことや感じたことをすべて書き出しましょう。**それを繰り返すことで感情や感覚に素直になれるようになり、自分の価値観や優先順位が自然とわかるようになります。**

**（２）ジャッジしない**
「どうして私はこうなのだろう」「こんなことを考えるなんてよくないな」「私って全然ダメだな」などと自分のジャッジメントはやめましょう。**ジャッジしそうになった時は「あ、今ジャッジしている自分がいるな」と認識し、そのこと自体を書き出すようにしましょう。**ありのままの自分を受け入れることで、自分を認めることができるようになります。

**（３）毎日書く**
一日のなかで**自分のことに時間を使う習慣を持つようにすると、自分の小さな変化にも気づけるようになります。**そのためにも、少しずつでもいいので、毎日ジャーナリングをしましょう。

慣れないうちは「何を書いていいかわからない」と思うかもしれません。そんな時は「何を書いていいかわからないと困惑している自分がいる」と、ありのままを書けばいいのです。最初はバカバカしいと思えることも**繰り返すにつれて自分の思考や感情、感覚に気づきやすくなります。**するとジャーナリングをより深く、スムーズに進められるでしょう。

# WORK

### ジャーナリングをする

自己認識を深めるためにジャーナリングをしましょう。
頭に浮かんだものや心にあるものをフィルターを一切
かけずにあるがままに書き出してみてください。

Date　　/

テーマ(頭に浮かんだことや心の中にあるもの)

思い浮かんだことを書く

自分の思考や感情への気づき

理想の自分に近づくためのセルフコーチングフロー

# 正しいサイクルで
# 自分と向き合う

　自分と向き合うことや、自分に質問することが大切だということはおわかりいただけたと思います。では、具体的にどんなふうに自分と向き合ったり、質問したりする方法があるのでしょうか。ここでは、自分と向き合う「セルフコーチング」について、その流れやプロセスであるセルフコーチングフローについてお伝えします。

## ▶ 目標達成できない原因に気づく

　コーチングとは、質問をしたりされたりすることによって、自分でも気づいていなかった潜在しているものに気づくための対話です。ここでは、**自分が自分のコーチになって目標を達成していくプロセスのセルフコーチングフロー**をご紹介します。

　というのも、ひと口に「目標を達成する」といっても、それを掘り下げていくといくつかのプロセスをたどっているもの。夢を実現させるためには、目標を明確に定め、現状をしっかりと把握し、客観的に分析してから、立てた目標を計画レベルにまで落とし込む必要があるのです。

　この一連の流れを理解し、作業を進めていかないと、夢を実現できるリアルなものとしてとらえきることができず、目標を達成することも難

しくなるでしょう。実際に私もこのセルフコーチングフローを、紙やノートに書き出すことを何度も繰り返しています。

## ▶ セルフコーチングフロー 5つのステップ

自分が自分のコーチになる、セルフコーチングフローは次の5つのステップでおこないます。それぞれのステップを具体的に説明しましょう。

【Step1】 理想を知る ─目標の明確化と細分化─
【Step2】 現状を知る ─現状の把握と分析─
【Step3】 理想と現状のギャップの要因を探る
【Step4】 アクションプランを立て、行動する
【Step5】 行動後のフィードバックをする

【Step1】理想を知る ─目標の明確化と細分化─
目標を達成するためには、まずその目標を明確に知ることからはじめます。たとえば、「痩せたい」という目標があったとして、その痩せたい状態が**「3kg体重を落としたい」**のか**「小顔になりたい」**のかそれと**もまた別の目的なのか**、ハッキリとした理想像が必要です。それにより、頑張り方や手段が異なるからです。

そして、さらにワードを掘り下げていきます。「3kg体重を落としたいのはなぜか？」「なぜ3kgなのか？」「それを実現するとどうなるのか？」「どんな気分なのか？」などと、あらゆる角度から自分に質問をして、その答えを書き出していきます。

【Step2】現状を知る ─現状の把握と分析─
ステップ1で明確にした目標に対し、今の自分がどの地点にいるのか

を正しく把握します。目指している目標にたどり着くための時間や最適なルートを選択するためです。たとえば、「マイナス3kg」という目標なら、**「不規則な食生活」「人からよく思われたいと思っている」**など、**勇気を持って現状と向き合う**ことで、自分に必要なものがわかります。

【Step3】 理想と現状のギャップの要因を探る

　次に、目標と現状のギャップを引き起こしている要因を探っていきます。たとえば、先ほどの「マイナス3kg」のケースで「痩せたいのに痩せられない」という場合、**「夜遅くに食べる量が多い？」「ストレスがたまっている？」「人の目を気にしすぎ？」**というように、どれだけ自分に対して多くの客観的視点を持てるかが重要です。

【Step4】 アクションプランを立て、行動する

　ここまで来てはじめて具体的なアクションプランを立てて、行動をはじめるようにします。たとえば、「マイナス3kg」を目標としたアクションプランなら「この1週間、毎日1万歩、歩く」といった具体的なもののほか、現状分析やギャップ要因から浮かび上がった視点に対するアクションプランとして「上手にストレスマネジメントできるよう、週に一度は家で休む」「食事と健康に関する勉強をはじめる」など。

　ステップ1〜3というプロセスを踏んでいくうちに、**「痩せたい」という表面的な願望から、もっと根本的な問題が見えてくるはず。自分が本当に向き合うべき課題がわかる**ようになってくるでしょう。

【Step5】 行動後のフィードバックをする

　ステップ4の行動をはじめたら、最初は1週間に一度のペースで振り返ってみましょう。「ここまで、このくらいできた」ということだけでなく、できなかったことに対しても**「なぜできなかったのか」「どうすればできたと思うか」「そもそも目標設定は適切だったか」**などと思う

ことを書きます。その後、新たにステップ1〜4として**翌週のアクショ
ンプランまで書き出しましょう。**

▶ 原因に気づけば、目標達成に近づく

　このステップ1〜5までを最低でも1ヵ月以上繰り返すと、自分自身
の変化を感じることができるようになります。目標達成できない人がお
ちいりがちなのは、理想を掲げた後、途中のプロセスを省いて、いきな
りアクションプランを立ててしまうパターンです。ところが、そこに潜
んでいる問題を見つけられないまま行動をしても解決はできません。

　たとえば、「痩せたい→食事の量をセーブしよう」でダイエットが失
敗に終わってしまうようなもの。「ダイエットをしても痩せないのはス
トレスがたまる生活を改善する必要があるのかも」というように原因を
知ることで適切な解決法がわかり、目標達成に近づくことができるよう
になるのです。

▶ 図　自分と向き合う5つの流れ

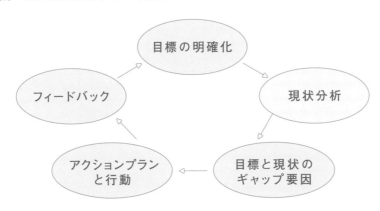

**1week1サイクル×4weekを行ってみよう！**

# WORK

## 正しく自分と向き合う

5つの流れに沿って、自分と向き合ってみましょう。もし答えが出ない時は、無理して書こうとせず、気分転換をしてみたり、一旦思考から離れて感情や感覚にフォーカスしましょう。

### 【Step1】理想を知る ―目標の明確化と細分化―

EX.自由な働き方をする→私にとって自由な働き方とは、好きなことを仕事にしていて毎日楽しいこと、時間に制約がないこと、どこでも仕事ができること。

### 【Step2】現状を知る ―現状の把握と分析―

EX.好きな仕事ではあるけど時間と場所が固定して縛られている→それに対してストレスがある、オーバーワークで体調もすぐれない、職場の人間関係もいまいち。

## 【Step3】理想と現状のギャップの要因を探る

EX.正社員であることで融通が効かない、稼いで生活の水準をあげたいと思っているから
ついオーバーワークしてしまう→お金に囚われている自分がいる？

## 【Step4】アクションプランを立て、行動する

EX.本当にやりたいことや優先順位を再確認する必要がある、今の会社以外で好きなこと
をできる職場はないかリサーチする、理想の働き方をしている先輩に会う。

## 【Step5】行動後のフィードバックをする

EX.この1週間で自分と向き合ってみたら、今ちょっと疲れていて職場の嫌なところが目に
ついていただけかもしれない、長期的なプランでは起業したいと思う。

LESSON 13

すべての答えは自分のなかにある

# 自分と信頼関係を築き、最強のパートナーにする

KEYWORD

あるもの、ないもの、ストレス、マインドフルネス

あなたには、迷っている時や新しいことをはじめる時に「いいね！」「あなたならできるよ！」と背中を後押ししてくれる人がいますか？

すでにそういった家族や友人、恋人がいるならあなたはラッキーです。励まされ、パワーをもらい、前向きに進んで行くことができるからです。ですが、もし今そういう人がいないという場合でも大丈夫。**「あなたならできる！」と言ってあげられる存在**に、**自分自身**がなればいいのです。

## ▶ 自分とのコミュニケーション能力を上げる

「あなたならできる！」と自分で自分に言ってあげられる人は、どんな困難だって乗り越えられるブレない強さを持っています。毎日、自分と丁寧に向き合い、自分を最強のパートナーにすると人生が劇的に変わります。たとえ誰にもわかってもらえなくても、自分自身が理解し、納得していれば、それは自分を動かす原動力となり、自信にもつながります。

これは私の持論ですが、**仕事や人生において成功している方は、必ずといっていいほど自分とのコミュニケーションをとる能力が高い**という印象です。それは、自分を最強のパートナーにできているということにほかなりません。

## ▶ 自分を最強のパートナーにする2つの方法

　では、どうすれば自分自身を最強のパートナーにできるのでしょうか。それは、**「自分の心に正直な選択をしていくこと」と「自分に質問を繰り返していくこと」**です。

　心に正直な選択とは、頭で考えた答えではなく、心の声、つまり感覚や感情などからの声です。これまでずっと他人や世間の声を優先してきて、自分に「こうあるべき」「これをしなければいけない」を繰り返してきた場合は、思考優位になっていて、感覚や感情の声が聞こえにくくなってきていると思います。

## ▶ 五感を磨く

　自分の心に正直な選択をするために有効なのが、五感を磨くトレーニングです。五感を磨くことで感覚が繊細になり、ちょっとした自分の心の動きにも敏感になるようになります。

　五感を磨くということは、つまりはマインドフルネスな状態。**一時的にでも立ち止まり、自分の内側の感覚に集中することで思考が休まり「余白」が生まれるようになります。この余白こそが、自分とのコミュニケーションをとるきっかけにもなります。**

　五感を磨く手段としては、自然の中に行ったり、行けなくても日常の中で自然を感じられるような時間をつくり、感覚に集中すること。

　たとえば、お花を飾ってみたり、アロマを焚いてみたり、美術館に行ってみたり、音楽鑑賞をしてみたり。ただ、特別な何かをしなくても日常で行うことや出会うものに、マインドフルネスになり、その時の感覚や感情に意識を向けてみるというだけでもいいでしょう。

▶ 自分に興味を持つ

「自分に質問を繰り返していくこと」もとても大切です。

　自分に興味を持ち、「何に幸せを感じる?」「どんなことにワクワクする?」などと自分に質問し、頭に浮かんだことや心に沸いてきたことをひたすら紙やノートに書き出すことを繰り返します。

　すると、自分の本音がわかるようになります。**「そんなところもあるんだね」「でも案外、そういうところもいいよね」などと自分への理解が深まり、愛おしく感じる気持ちが芽生えてくるでしょう。**

　そうやって、自分とのコミュニケーションがとれはじめると、自分自身との信頼関係を築いていくことができるようになるのです。

▶ 図　質問を繰り返して自分自身を最強のパートナーにする

ポジティブなことなら......
「どんなことに幸せを感じているの?」
「どういうふうにワクワクするの?」

ネガティブなことなら......
「何にモヤモヤしているの?」
「本当はどうしたいの?」

大切な人に寄り添うイメージで自分に質問しよう!

# CHAPTER 2

# 自分を活かす

UTILIZE YOURSELF

強みは「強化する」ことでブランドになる

# 個性を見つけて
# 意識する

KEYWORD

セルフブランディング、個性、魅力、強み

　このチャプターでお伝えしたいのは、**あなた自身をブランドとしてとらえ、そのブランドの思いやストーリーを理解し、世界にひとつの個性や魅力を活かす方法**です。あなたは、あなたというブランドのプロデューサーです。そしてブランドの総責任者であるのと同時に、広報や営業、企画や技術なども兼ねているのです。

▶ **個性や魅力に気づき、活かす**

「ブランディング」は、ビジネスではよく使われるワードです。ブランドの世界観やイメージをつくり込み、マーケティング戦略をもとに世の中への認知や購買をうながしていく……といった意味で用いられます。セルフブランディングは、それを個人に置き換えた言葉。SNSなどでもよく見かけますよね。

　もちろん、こうしたスキルとしての側面もありますが、私のアカデミーではセルフブランディングをもっと本質的な意味でとらえています。**自分の価値観や個性、魅力や才能を自分で理解し、それをより活かす形で表現していくこと**。その結果、価値観の合う仲間と出会えたり、ほしかった情報やコミュニティにたどりつきやすくなったりして、思わぬ

チャンスを手にすることにもつながります。

　どんなブランドにもオンリーワンの個性や魅力があります。その個性と魅力に気づき、それを活かして生きる。これが理想の人生を生きるうえで欠かせない「自分を活かす」ということなのです。

## ▶ まわりの人にヒアリングする

　自分の個性と魅力を知るためには、自分の在り方や価値観を表すBeingを知り、それを実践することです。そのうえでポイントとなるのが、「自分の強み」を知ることです。

　自分の強みを知る方法は簡単です。**まわりにいる数人に、あなたのいいところを3〜5個、ヒアリングしてみましょう。**そうやってメモしておいた「いいところリスト」を見返すと、**たびたび登場するワード**があるのではないでしょうか。それが、あなたの強みです。

▶ 図　まわりの人に質問して、自分の強みを知る

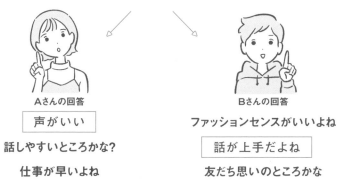

「私のいいところを挙げてみて!」

Aさんの回答
声がいい
話しやすいところかな?
仕事が早いよね

Bさんの回答
ファッションセンスがいいよね
話が上手だよね
友だち思いのところかな

共通する項目が自分の強みである可能性大!
この場合「話すこと」が強みと仮説を立ててみる

とくによく出てくるワードの上位3つは、あなたの個性であり魅力といえるもの。そこを強化していくうちに、あなたというブランドはどんどん輝きを帯びてくるはずです。

　「強化する」とは「意識すること」です。たとえば、「笑顔が素敵」が強みなら、まずは笑顔でいることを意識します。さらに、「鏡を見て毎日笑顔の練習する」「つねに笑顔でいられるような人間関係や生活を心がける」というように深めていくようにします。

## ▶ ウィークポイントも活かす

　じつは、自分の強みとなる個性と魅力は、「いいところ」だけではありません。ウィークポイントだって、立派なあなたの強みの一部です。

　私たちは誰ひとりとして完璧な人はいません。そもそも「完璧」という言葉すら、その人の主観であり正解はありません。自分ではウィークポイントだと思い込んでいることが、別の人から見れば強みに感じられることだってあるのです。

　私自身もそうです。以前は、あれこれ思い悩むクセがありました。想像力が豊かすぎるせいで、未来に対してワクワクするのを通り越して、心配になるまで妄想することもありました。

　ただ、「これが私の強みなんだ」ととらえるようになれば話は別です。想像力を活かして執筆をすることはもちろん、アイデアを形にするようなクリエイティブな仕事が向いているとわかったからです。

　アカデミーの受講生にも、コンプレックスだった「身長が高い」ことを個性だと気づき、ミスコンの出場にチャレンジしたケースや、「聴き上手」の個性を活かしてカウンセラーとして独立したケースもあります。

　自分の個性や魅力を磨き、それは引き立つような見せ方を意識すると、**見える世界や出会う人、めぐってくるチャンスが変わってきます**。すると、人生が思いがけない方向に好転しはじめるのです。

# WORK

## 自分の個性・魅力を知る

自分からの視点と他人からの視点で「いいところリスト」を書き出してみましょう。そして、何度も登場するワードをさらに掘り下げてみましょう。

| 人に言われた<br>いいところリスト | 自分から見た<br>いいところリスト |
| --- | --- |
| | |
| | |
| | |
| | |
| | |

重なるキーワードは？

弱みは単に「傾向」や「性質」にすぎない

# 視点を変えて
# 弱みをプラスに変換する

---

KEYWORD

---

弱み、個性、性質、傾向、変換

あなたが自分の強みだと思っている部分は、積極的に表現しましょう。そして、じつは弱みだと感じている部分だって、視点を変えるだけで強みになると知っていますか？

要は、自分のとらえ方次第。**弱みだと思い込んでいることは個性**だと認め、受け入れた**瞬間**から、あなたの魅力はどんどん開花していきます。

## ▶ 弱みに「いい・悪い」はない

「自分のイヤなところや欠点だと思っているところを教えてください」という質問をすると、自分の長所を挙げるよりもスラスラと出てくる方が多いことに驚きます。そのくらい多くの人が「こんなところがイヤ」「もっとこうだったらいいのに」などと、自分の弱みを気にしているようです。

**一見、弱みに思えることも、じつはあなたの「傾向」や「性質」にすぎません**。それ自体に「いい・悪い」はなく、単に主観的に強みと弱みを判断しているだけなのです。あなたが弱みと感じていることは、あなたの強みにもなるもの。弱みを活かして、強みに変換することだってできるのです。

## ▶ 弱みを単なる「性質」と考えてみる

　弱みを活かして強みに変えるには、「視点をポジティブに変換すること」が大切です。連想ゲームのような感覚で、ひとつひとつポジティブなワードに言い換えてみてください。

　たとえば、**自分の弱みだと思っている部分が「せっかちなところ」だった場合、「スピーディー」「効率的」とポジティブに変換することができます。**すると、今まで弱みと感じていた「せっかち」も、強みに見えてくると思いませんか？

　物ごとには必ず陰陽の両面があり、どんな視点でそれを見るかによって、見え方が変わります。陰陽は「片方がよくて、もう片方がよくない」というものではなく、単純にその状態や性質のことです。

### ▶ 図　自分の弱みはポジティブに変換して強みに変える

| 弱み | | 強み |
|---|---|---|
| 心配性 | ────────────▷ | じっくり考えることができる |
| 行動に移すまで時間がかかる | ────────▷ | リスク管理能力がある |
| すぐ落ち込む | ──────────▷ | 感情が豊か |
| 気持ちの揺れがある | ────────▷ | 他人の気持ちに共感できる |

「自分のここがイヤだ」と思っている部分も、ネガティブなことだと決めつけるのではなく、**「自分にはこんな特徴があるんだな」とフラットにとらえる**ようにします。

　そんなふうに、弱みだと思い込んでいたことが、単に自分の性質であると受け入れることができた時、あなたの魅力はますます開花するのです。

## ▶ 友だちに変換してもらう

　視点を変えてもポジティブなワードになかなか変換できない場合、友だちやまわりの人の力を借りるのもおすすめです。**「自分のこんなところがイヤなのだけれど、これってポジティブにとらえるとしたらどんなふうにとらえられるかな？」**という聞き方をしてみると、あなたが気づかなかった答えが返ってくるかもしれません。あなたが弱みととらえていたことも、他人から見たら羨ましい要素ということも少なくありません。

## ▶ 向き合えば解決できる

　たとえば、私の場合、背が低いことがコンプレックスでしたが、背が高い人によく羨ましがられていました。結局、人はないものねだりを生き物ですから、弱みと思っていることも立派な個性なのです。

　ちなみに私の経験上、**ポジティブに変換できなかったワードは、これまでひとつもありませんでした。**

　弱みは「不安の解消の仕方」と同じで、きちんと向き合ってそれを構成する要素を詳しく知ることができればきちんと向き合えるので、簡単に手放すことができるもの。弱みが強みに変われば、理想の人生にもどんどん近づいていくでしょう。

# WORK

## 弱みを強みに変換する

自分でイヤなところや欠点だと思っていることも視点を変えると強みにもなります。要は、捉え方次第。弱みを強みに変換して新たな個性にしてしまいましょう。

| 弱み | ポジティブに変換 | 強み |
|---|---|---|
| EX. せっかち | 仕事が早い<br>効率を重視する | 行動力がある |
|  |  |  |
|  |  |  |
|  |  |  |
|  |  |  |
|  |  |  |
|  |  |  |
|  |  |  |
|  |  |  |

うまくいくからセルフイメージが高いわけではない

# セルフイメージを
# 意識的に高める

―――――――― KEYWORD ――――――――

セルフイメージ、ポジティブ、なりたい自分、自己肯定力

　自分のことをどうとらえるかによって、あなたに起こる出来事は変わります。もしも、あなたが自分をネガティブにとらえているならネガティブなことが、ポジティブにとらえているならポジティブなことが、それぞれ現実に起こる出来事として引き寄せられてくるのです。

▶ **自分のことをポジティブにとらえる**

　自分のとらえ方次第で、引き寄せる現実が変わる。これは、決してスピリチュアルな話ではありません。同じ周波数のもの同士が結びつき合うことは、量子力学からも証明されていること。

　自分のことを「私ならできる！」とポジティブにとらえている人と、「どうせ私なんて……」とネガティブにとらえている人とでは、**身に起こる出来事が違っているのは当然**のことなのです。

▶ **自分に自信を持つ方法**

　「自分が自分のことをどうとらえているのか？」という、**自分自身が思い描いている自分のイメージのことをセルフイメージ**といいます。

セルフイメージが高いとチャンスや素敵な出会いが訪れやすく、自分自身に自信も持ちやすいため自己肯定力も上がります。

▶図　セルフイメージを高めて「なりたい自分」になる

セルフイメージが
低いままだと…

「どうせ自分なんてダメだから」

つねに自分に
自信が持てない

現実に起こる出来事も
パッとしない

「やっぱり自分はダメな人間なんだ」

ネガティブの
スパイラルにはまってしまう

セルフイメージを
高めると…

「自分ならできる!」

自分で自分を認めることが
できるので自信が持てる

チャンスや出会いが
舞い込みやすくなる

「自分ならもっとできるはず!」

最高にポジティブな
スパイラルが生まれる

以前、私のアカデミーにこんな方がいました。

まだ受講しはじめの頃、彼女は「自分に自信が持てない」と自分のダメな部分を自分で見つけては落ち込むことを繰り返していました。

ところが、アカデミーのレッスンで、受講生同士で「いいところを言い合うワーク」をしたところ、彼女の魅力をまわりの人にほめてもらう機会が増えたこともあって、**少しずつありのままの自分を認めることができるようになり**、アカデミー卒業時にはセルフイメージが格段にアップしていました。

職場や家庭でも「雰囲気が変わった！」と驚かれるほどだったといいます。セルフイメージが高まった結果、今では夢だった仕事で起業し、ますます輝いています。

▶ 「なったつもり」でふるまう

では、どうしたらセルフイメージを高く持ち、理想の自分に近づいていくことができるのでしょうか。今日からできる簡単な方法として、**「すでに理想の自分になったつもりでふるまう」**ということがあります。

たとえば、次のようなことをしてみてください。

・理想の自分にふさわしい"ファッション"をする
・理想の自分にふさわしい"家や部屋"にする
・理想の自分にふさわしい"人たち"と付き合う
・理想の自分にふさわしい"場所"に行く

これらはすべて、自分自身を大切にするアクションです。ひとつずつ実践していくことで、あなたのセルフイメージは確実にアップします。**自分のことを大切にすると、セルフイメージはどんどん上がっていくもの**。自分や自分を取り巻く環境を、丁寧に整えていきましょう。

---

LESSON 17

なりたい自分のイメージを可視化する

# ロールモデルを
# カテゴライズする

---

KEYWORD

---

なりたい自分、ロールモデル、イメージ

---

「なりたい自分になりたい！」と思う人は多いのですが、では「**なりたい自分がどんな自分なのか**」を細部まで詳しく説明できる人は意外と少ないものです。

「なりたい自分」は、そのイメージがハッキリしているほど、持つべき意識やとるべき行動が明確になり、目指す自分に近づいていくことができます。

▶ できるだけ鮮明にイメージする

「なりたい自分」のイメージを明確にすることはとても大切です。

たとえば、「健康的な自分になりたい」という漠然とした理想より、「**毎日体に良い食事をしてランニングを習慣にし、いつも明るくエネルギッシュで人を元気にさせる自分になる**」という具体的な理想のほうが、叶うスピードは圧倒的に速いでしょう。目指す目標が具体的であれば、そのために何をすればいいのかわかりやすいからです。

多くの人は、「なりたい自分」が明確でないために、何をしていいかがわからないだけなのです。

### ▶ 「なりたい自分」を明確化する方法

「なりたい自分」を明確化するためのおすすめの方法は、「ロールモデルを持つこと」です。**ロールモデルとは、お手本の人ということです。**

たとえば、私のアカデミーの卒業生ではこんなケースがありました。

### ▶ 図 「なりたい自分」を明確にイメージする

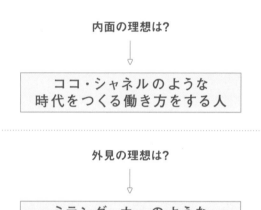

内面の理想は?

↓

ココ・シャネルのような
時代をつくる働き方をする人

外見の理想は?

↓

ミランダ・カーのような
ヘルシーでセクシーな女性

それぞれのカテゴリーで
理想の人を挙げてみよう!

その方は、最初は「なりたい自分」が明確にわかっていなかったものの、仕事やライフスタイル、ファッションなどそれぞれのジャンルについて、理想をひとつずつ細かくロールモデルを考えていく「なりたい自分リストアップ」というワークをしました。

「クリエイターの〇〇さんのように、時間と場所にとらわれずに仕事をする」「モデルの〇〇さんのようなカジュアルだけど品のあるファッション」といったことを、自分がいつもよく目にする手帳に書いたり、雑誌の切り抜きをスクラップしたりしていくことを重ねたのです。

すると、数ヶ月後には彼女が掲げていたロールモデルに近づいて、見違えるほどの輝きを放つまでに変わっていたのです。

## ▶ カテゴリーごとにロールモデルを持つ

ロールモデルを持つ時のポイントは、仕事やライフスタイルなどカテゴリーごとにそれぞれのお手本を具体的にイメージすることです。

たとえば、「外見」というカテゴリーなら「タレントの〇〇さんのような筋肉がしっかりついていて姿勢が良く健康的な肌の色」、「理想のパートナーとの関係」というカテゴリーなら「〇〇さんカップルのように、お互いにリスペクトし、高め合いつつ、自由を認め合える関係」などと、複数のロールモデルを持つことで、より自分の理想に近づいていくでしょう。

そこからさらに、「その人はどんな生活を送っているのだろう」「どんな働き方をしているのだろう」「どんな人とかかわっているのかな」というように想像を広げ、「きっとこうだろうな」と思うことをすべて実践してみましょう。

ロールモデルは自分を引き上げてくれる大切な存在です。ぜひ、ワークに取り組むことからはじめてみてください。

# WORK

なりたい自分を可視化する

「なりたい自分」を思いのままに書き出してみましょう。可視化することで、なりたい自分のイメージが広がり、モチベーションがアップしてきます。

## POINT!

イメージが湧かない部分は、最初は空白でも構いません。ワクワクする項目から埋めていき、埋められない箇所はふとイメージが湧いた時にワークシートを開いて書き込んでください。こうして可視化することによって、より自分を客観視できたり、自分でも気づかなかった感情が湧いてきたりします。これは自分とのコミュニケーションに最高の手段です。

### EX．なりたい自分リストアップ

| | |
|---|---|
| 顔<br>（ヘア＆メイク含む） | 健康的なナチュラルなメイクで笑顔がチャーミング、歯がキレイ |
| ボディ | 細すぎず太すぎずメリハリがあって<br>体のラインがキレイ、まっすぐな足 |
| ファッション | 白シャツにデニムだけど、<br>ヒールや個性的な小物を合わせオーラがある |
| マインド | 他人や世間に流されない自分軸を持つ、自信があって堂々としている |
| ライフスタイル | 都会も自然も楽しみ地球に優しい暮らし、毎月どこかに旅行にいく |
| 仕事や働き方 | 自分の好きなことを仕事にして毎日楽しい、時間がフレキシブルな仕事 |
| 理想の自分を表すワード<br>（座右の銘でもOK） | ナチュラル、健康的、毎日笑顔でいること |
| 理想の自分を表す<br>カラーや象徴 | 白、ターコイズブルー、海、シェル、笑顔 |
| 理想のパートナー<br>（との関係） | 信頼し合えて価値観の違いも認め合える、尊敬し合える |
| 理想の家族<br>（との関係） | 離れていても互いに思いやる心、感謝をきちんと伝え合える |
| 理想の友人や仲間<br>（との関係） | 相乗して高め合える、前向きな話題で笑顔が絶えない |
| 自分のイメージの映画や本 | リトルマーメイド（のアリエル）、ホ・オ・ポノポノ |
| 自分のイメージの国や街 | LA、オーストラリア、日本なら湘南、糸島 |
| 住みたい家や<br>部屋・インテリア | 開放感があって太陽が差し込む白い家、植物に囲まれている |

なりたい自分リストアップ

| | |
|---|---|
| **顔**<br>（ヘア＆メイク含む） | |
| **ボディ** | |
| **ファッション** | |
| **マインド** | |
| **ライフスタイル** | |
| **仕事や働き方** | |
| **理想の自分を表す**<br>**ワード**（座右の銘も可） | |
| **理想の自分を表す**<br>**カラーや象徴** | |
| **理想のパートナー**<br>（との関係） | |
| **理想の家族**<br>（との関係） | |
| **理想の友人や仲間**<br>（との関係） | |
| **自分のイメージの**<br>**映画や本** | |
| **自分のイメージの**<br>**国や街** | |
| **住みたい家や**<br>**部屋・インテリア** | |

ビジョンボードで意識に定着させる

# 「なりたい自分」を
# ビジュアル化する

KEYWORD

ビジョンボード、なりたい自分、潜在意識、ビジュアル化

あなたは「なりたい自分」について、明確なイメージを持っていますか？　「こうなりたい」というイメージが明確であればあるほど、理想の自分に向かって意識や行動が加速します。

「なりたい自分」を明確にするためには「ビジョンボード」を活用する方法もおすすめです。

## ▶ 理想をビジュアル化する

「なりたい自分」のイメージを明確にするための方法のひとつにビジョンボートを活用するというものがあります。**ビジョンボードとは、自分の理想やワクワクする画像、文字などを1枚のボードにスクラップして、ビジュアルで見られるようにするもの**です。

可視化できる形にすることで、なりたい自分のイメージを潜在意識に刷り込ませ、つねに自分自身にリマインドをする仕組みをつくります。それまでぼんやりとしていた場合でも、可視化することで「なりたい自分」に近づき、夢や理想も叶えやすくなります。

## ▶ 直感で感じたものを集める

　ビジョンボードのつくり方はとても簡単です。クリアファイルやノートなどを用意し、**自分のBeing、「こうなりたい」というイメージに沿った写真や切り抜きを貼りつける**だけです。

　クリアファイルやノートではなく、現代はスマホの画像コラージュ機能を活用してビジョンボードをつくることが主流です。できあがったものを待ち受け画面やPCのデスクトップ画面に設定しておくと、スマホやPCを使うたびに「なりたい自分」のイメージが目に入るので、潜在意識にどんどん刷り込まれるようになります。

▶図　「なりたい自分」になるためのビジョンボードのつくり方

材料

**クリアファイル or ノート or
スマホ（画像コラージュ機能を使用）**

つくり方

**自分のBeingや、なりたい自分のイメージに沿った
写真や画像をスクラップする**

活用法

**完成したビジョンボードを
毎日のように眺め、
理想を現実にする**

自分のBeingに沿った写真や、モチベーションが上がる切り抜きがどれかわからない場合、まずは雑誌やSNSを眺めながら「これ、好きかも！」「見ているとワクワクする！」と**直感で感じたものをお気に入りの写真として集めてみましょう。**

ビジョンボードは、1枚にまとめるのもいいですし、**「仕事はこれ」「住まいはこれ」「ファッションはこれ」というようにカテゴリーに分けてつくるのもありです。**

### ▶ 潜在意識に刷り込ませる

完成したビジョンボードは目に入りやすい場所に飾ったり、スマホで作成した画像をプリントアウトして手帳やノートに貼ったりして、なるべく頻繁に眺めて自分の潜在意識に「なりたい自分」のイメージを刷り込ませます。

私がプロデュースしている手帳には、ビジョンページという見開きの空白ページがあります。これは、その年の自分のテーマやBeingに沿った写真をスクラップするためのページです。

**ビジョンボードをアップデートするタイミングは「年や月の変わり目」「価値観や優先順位が変わった時」などです。**

ちなみに、私は9つの画像を組み合わせたプチ・ビジョンボードを毎月のはじめに作成しています。ビジョンボードを毎月つくることで、その月をどう過ごすかが楽しみになるだけでなく、「今月の理想を達成できた？」と、その月の終わりに自分を振り返る目安にもできます。

「夢の実現が加速した」という声は、ビジョンボードに取り組んでいる多くの受講生のみなさんやお客様たちからいただきます。ぜひ試してみてください。

# WORK

### ビジョンボードをつくる

あなたが「なりたい自分」のイメージを視覚的に潜在意識に落とし込むため、写真をスクラップしてビジョンボードをつくりましょう。

**EX.理想の家**

**EX.理想の体型**

**EX.理想の暮らし**

**EX.行きたい国**

**EX.夢が叶うイメージ**

**EX.理想のパートナー**

LESSON 19

自分だけのやる気スイッチを管理する

# モチベーションを
# マネジメントする

KEYWORD

モチベーション、やる気スイッチ、マネジメント

「やる気が出ない」「やる気を出したい」——そんなときに役立つのは、モチベーションのスイッチをオンにするアクションです。気持ちのアップダウンがあっても、それに振り回されないような、自分だけのアクションを集めたリストをつくっておきましょう。

## ▶ モチベーションは「上げるもの」ではない

やる気が出ない仕事を前にしたときや、気が進まない相手と会う約束があるときなど「モチベーションを上げたい」と感じる状況は日常生活でよく起こるもの。

ですが、じつはモチベーションはただ上げさえすればいいというものではありません。むしろ、「モチベーションを上げましょう」というフレーズは、自分の気持ちを無理にポジティブなマインドに向かわせるようで息苦しく感じられるかもしれません。

大切なのは、**自分を無理やり奮い立たせることではなく、その時の自分に必要なモチベーションを自分自身でマネジメントできること**。「今の自分に何をしてあげればいいの?」という適切なモチベーションの持ち方がわかるようになることです。

## ▶ 薬を選ぶ感覚で行動する

　そもそもモチベーションとは、私たちが何かしらの目標に向けて動くための原動力のことをいいます。その原動力となる**モチベーションには種類やレベルがある**、と私は思っています。

　たとえば、落ち込んだ気持ちを立て直したい時と、"ここいちばん"の大事な場面で結果を出したい時とでは、「どういうモチベーションが、どのくらい必要なのか」が変わってくるからです。

**「今の自分に何をしてあげればいいの？」**がわかるようになれば、その時にふさわしいエネルギーを注ぐだけで無理なく自然に、必要なモチベーションを身にまとうことができるようになります。

　たとえば、風邪気味でドラッグストアに行ってたくさんの薬の中からひとつを選ぶということを想像してください。「微熱があってのども痛い」「咳をどうにかしたい」といった症状によって、自分に合った薬選びをしませんか？　それと同じことがモチベーションにもいえます。

▶ **図　自分のモチベーションスイッチを知る**

ちょっと落ち込んだ時…
↓
**読むと元気になる本を
読み返そう!**

最高のテンションで
いきたい時…
↓
**美容室でヘアチェンジをしてもらって
気持ちが上がるコーデで出かけよう!**

> マネジメントができると
> 感情に振り回されずに
> 自分らしく過ごせる

「ちょっと落ち込んだ時はこれをしよう」「最高のテンションでいきたい時はあれをしよう」というように、モチベーションがオンになるスイッチをレベル別にリスト化して持っておくと、自分で自分を動かして前に進めることができるのです。

## ▶ モチベーションのリストをつくる

モチベーションのスイッチはひとつでも多く持っておくほうが、自分をマネジメントしやすくなります。自分をマネジメントできるということは、自分を活かせるということ。仕事では最大限のパフォーマンスを出せて、プライベートでも感情に振り回されずいつでも自分らしく過ごすことができるようになります。

「自分がワクワクするのはどんな瞬間だろう？」「自分が心地いいと感じるのは何をしている時かな？」という具合に、心が楽しいほうに動くことがモチベーションのスイッチです。自分自身のスイッチをたくさん見つけて、それを集めてリストをつくりましょう。

## ▶ レベル別リスト化のコツ

リストをつくる際は、「それはどのくらい簡単にできるか？」をベースにしつつ、「それをすることでどのくらいモチベーションが上がるか？」ということを優先して考え、レベル１〜５の５段階に分けます。

「窓を開けて外の空気を吸う」は今すぐできて簡単に気分転換できるのでレベル１、「お気に入りのハーブティをいれて飲む」はお湯を沸かす手間がかかるけれどリラックスできるのでレベル２、というように。

人によって感覚は異なりますから、自分がそれをした時のイメージを大切にレベル分けをしましょう。モチベーションを上げたい時はそのリストから「今の自分はこのくらいかな」というように選ぶのがコツです。

# WORK

## モチベーションリスト

気分を上げたい時や落ち込んだ時など、これをするとモチベーションが上がるというリストを1〜5のレベル別に書き出しましょう。

EX.

| レベル 1 | 窓を開けて深呼吸する<br>好きなアーティストの曲を聴く |
| --- | --- |
| レベル 2 | スタバのテラスでコーヒー<br>公園を散歩 |
| レベル 3 | 友だちとランチ<br>好きなホテルのラウンジに行く |
| レベル 4 | 美容院でヘアチェンジ<br>1日休みを取り映画を観る |
| レベル 5 | 旅行に行く<br>部屋の模様替えをする |

## Work sheet

| レベル 1 | |
| --- | --- |
| レベル 2 | |
| レベル 3 | |
| レベル 4 | |
| レベル 5 | |

自分を最大限に活かすフレームワーク

# 目標達成には
# マンダラチャート

KEYWORD

マンダラチャート、目標達成、やるべきこと、自分ごと

　　自分を活かせるようになるためには、目標をつくることも大切です。目指すべき目標が決まったら、その目標を達成するためのツールとしてマンダラチャートを活用してみるのもおすすめです。

## ▶ 目標達成までのプロセスがわかる

　　マンダラチャートは、目標を達成するためのツールといわれているものですが、自分を活かすためにも大いに役立ちます。
　　具体的には、まず**3×3の9マスをつくり、中央の1マスに目標や夢、掘り下げたいワードを書きます。**
　　次にその中心に書き出したものから連想することやそのために必要な要素などを接する8マスに記入して、中央の9マスが完成。
　　前述の8マスに記入したワードを中央の9マスに接する8個の9マスの中心に書き入れて、そのワードから連想することを接する8マスに記入し、すべてのマスを埋めていきます。
　　**このマスを埋めていくプロセスが、目標達成のためにやるべきことを自分自身で感じたり考えたりすることにつながります。**

▶ マンダラチャートを使う2つのメリット

　なぜマンダラチャートを使うと、自分を活かせるようになるのか？
その理由は2つあります。

　ひとつは、**自分の可能性に気づきやすくなる**という点です。
「なんでもいいから好きなことを考えて」といったゼロベースから考え
ることが苦手な人でも、「とりあえず8個、思いついたことを挙げてみ
よう」ならハードルは高くないはず。

　8マスを埋めた結果、「私って、じつはこんなアイデアを持っていた
んだ！」と自分でも気づいていない"自分を活かすタネ"に気づけるよう
になります。

▶図 マンダラチャートの作成例

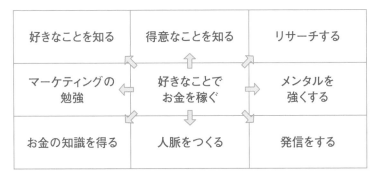

| 好きなことを知る | 得意なことを知る | リサーチする |
|---|---|---|
| マーケティングの勉強 | 好きなことでお金を稼ぐ | メンタルを強くする |
| お金の知識を得る | 人脈をつくる | 発信をする |

気持ちが上がる場所や
リラックスできる場所で
書くのがコツ！

もうひとつは、**今やるべきことが明確**になる点です。

たとえば、中央に記入したワードが「人生を楽しむ」という漠然としたテーマだったとしても、外側のマスが「旅行にたくさん行く」「予定をつめすぎない」といった具体的な行動になることはあります。

人生を楽しむためにすべきことのイメージは湧きにくくても、旅行をしたり、予定をつめすぎないようにスケジューリングをしたりすることなら今すぐできますよね。**今日できることを積み重ねていくことが願いを叶える近道**なのです。

## ▶ すべての出来事に「意味」を見出せるようになる

マンダラチャートをつくると、自分の活かし方が見えてくるだけでなく、毎日が「意味のあるもの」に変わるのもおすすめするポイントです。

たとえば、「会社で決められた仕事をイヤイヤながらしている」という状況でも、マンダラチャートの中心が「人生を楽しむ」で、「仲間を思いやる心を持つ」「ピンチに強いメンタルを育てる」「自立するためにお金を貯める」といったワードでマスが埋まっているなら、そこにひもづけて考えることができます。

「今はまだ思い通りに仕事はできないけれど、それは自分のメンタルを強くするためには必要なこと」と意味を見出すことができるようになるからです。

こんなふうに、なにげない日常生活の出来事が「自分ごと」としてとらえられるようになると、**起こることや出会う人にそれぞれ意味があることがわかり**、自分の存在価値を自分で認めることも難しいことではなくなります。

できるだけ自分の気持ちが上がる場所やリラックスできる場所、時間帯を選び、**頭で考えるだけでなく心でも感じながら書き入れていくことがポイント**です。あなただけのマンダラチャートを完成させましょう。

# WORK

## マンダラチャートの作成

自分自身を最大限に活かすためにマンダラチャートをつくりましょう。あなたがやるべきことが明確になるはずです。

|  | 1 |  |  | 2 |  |  | 3 |  |
|---|---|---|---|---|---|---|---|---|
|  |  |  | 1 | 2 | 3 |  |  |  |
|  | 4 |  | 4 |  | 5 |  | 5 |  |
|  |  |  | 6 | 7 | 8 |  |  |  |
|  | 6 |  |  | 7 |  |  | 8 |  |

時間とエネルギーの使い方を見直す

# 「やりたいこと」に 優先順位をつける

KEYWORD

時間管理、優先順位、緊急、重要

　自分を活かすためには、「何に対して、もっとも時間とエネルギーを使いたいのか？」を理解し、明確にしていく必要があります。

　自分の考える優先順位が高いものにしっかりと時間とエネルギーを注いでいれば、たとえ落ち込む出来事があっても、そこにとらわれず充実感を得ながら前に進むことができます。

## ▶ 時間の使い方を整理する

　自分を活かすために、Beingに基づいて「何に対して、もっとも時間とエネルギーを使いたいのか？」を理解し、明確にするには、「時間管理のマトリクス」を参考にするのがおすすめです。

　「時間管理のマトリクス」は、私の人生のバイブルでもある『７つの習慣』（スティーブン・R・コヴィー著／キングベアー出版刊）に出てくる、有名なタイムマネジメントの図表です。

　時間の使い方を「**緊急度**」「**重要度**」という２つの軸で分類します。私なりに解釈した、それぞれの領域の簡単な特徴は次のとおりです。

　多くの人は日常の大部分の時間を「第一領域：緊急かつ重要なこと」に費やしているのではないでしょうか。締め切りのある仕事や問題解決、

日々の雑事など、今やらなければならないことに多くの時間を割いているはずです。

## ▶ 大切なのは「緊急ではないが重要なこと」

私もはじめてこの「時間管理のマトリクス」を知った時は、愕然としたものです。なぜなら、人生においてもっとも大事にしたいはずの**「第二領域：緊急ではないが重要なこと」**に、ほとんど時間をかけることができていなかったからです。毎日やることに追われて大事なことを後回しにしていることに気づきました。

「時間ができたら」「もっと才能があったら」「お金さえあれば」「どうせ私になんて無理」などと言い訳をして、後回しにしがちになるのもこの領域。ですが、**自分を活かして生きようと思うなら、いかに「第二領域」の時間を増やせるかどうかにかかっているのも事実です。**

### ▶図 時間管理のマトリクス

| | 緊急度 → | |
|---|---|---|
| **重要度** ↑ | 第一領域<br>**緊急かつ<br>重要なこと**<br><br>「〜しなければならない」<br>「〜すべき」といった<br>やらなければいけないこと全般 | 第二領域<br>**緊急ではないが<br>重要なこと**<br><br>本当はやりたいのに<br>今はできていないこと、<br>すぐに成果が出ないことなど |
| | 第三領域<br>**緊急だが<br>重要ではないこと**<br><br>とりあえずすぐに成果が出たり、<br>他人に評価されやすかったりする<br>作業的なこと | 第四領域<br>**緊急でも<br>重要でもないこと**<br><br>意味を見出せず、<br>時間の浪費になるような<br>どうでもいいこと |

## ▶ 自分のBeingに沿ってタスクを整理する

では、「第二領域」以外の時間をどう減らせばいいのでしょうか。

たとえば、「第一領域」は効率化と余裕を持ったスケジュール管理で緊急なものにも対応できるようにし、本当に必要なもの以外は手放す。「第三領域」はすべてを自分でやらずに誰か別の人にまかせたり、思い切って断ることを決める。「第四領域」はなぜそれをしてしまうのか、という根本原因と向き合ってから手放す。……ということをそれぞれ実践してみましょう。

まずは、**自分の今やっているタスクをBeingに基づいて第一領域～第四領域の4つに分類してください**。自分にとっての意味や価値観をベースに4つに振り分けると、自分の時間の使い方を客観視できるようになります。それが、自分を活かす時間の使い方ができるコツです。

### ▶ 図　時間管理のマトリクス例

|  | 緊急度 → |
|---|---|
| **第 一 領 域** | **第 二 領 域** |
| ◦来週のプレゼン資料の作成<br>◦重要なメールの返信<br>◦子どもの送り迎えや食事の支度<br>◦虫歯の治療<br>◦週末の新幹線の予約 | ◦世界一周旅行<br>◦ダンスを習い、いつかステージに立つ<br>◦本を出版する<br>◦海辺にマイホームを建てる<br>◦自分の好きなことで起業する |
| **第 三 領 域** | **第 四 領 域** |
| ◦終わらないメールやLINEの返信<br>◦急な来客対応<br>◦家族に頼まれた野暮用(買い出しなど)<br>◦なくなりそうな日用品の補充<br>◦毎週△時スタートのドラマを見る | ◦悪口や人の噂話ばかりする女子会<br>◦気が乗らない会社の飲み会<br>◦ただの作業になってしまっている仕事<br>◦なんとなく癖で見てしまうSNS<br>◦ゲームや漫画 |

（縦軸：重要度）

# WORK

## 時間管理のマトリクス

日々のスケジュールを4つの領域「縦軸を重要度、横軸を緊急度」に分けて、時間とエネルギーの使い方に優先順位をつけていきましょう。

緊急度

第一領域
**緊急かつ重要なこと**

第二領域
**緊急ではないが重要なこと**

重要度

第三領域
**緊急だが重要ではないこと**

第四領域
**緊急でも重要でもないこと**

エネルギーをかけたいことや向かうべき課題がわかる

# 理想の1日を
# 可視化する

KEYWORD

タイムマネジメント、やるべきこと、向かうべき課題

時間の使い方を変えると、日常生活でフォーカスすることや意識がみるみる変わり、行動にも変化が表れます。さらに、時間の使い方を可視化することは、理想の人生を手に入れるための近道です。

自分の価値観や理想をもとにタイムマネジメントできるようになると、自分で自分を満たす感覚が生まれます。

## ▶ 起床から就寝までをイメージする

私のルーティンのひとつに、「理想の1日」を時間軸で書き出すというものがあります。仕事を中心としたonの日と、お休みのoffの日に分けて、起床から就寝まで1日の理想的な時間の使い方をイメージしながら書き出す作業は、心がワクワクして楽しい習慣です。

自分がもっとも時間やエネルギーをかけたいことも、理想の1日を書き出すことで自然と見えてくるもの。反対に、書き出すことで、日常生活でたまに湧き上がるモヤモヤした気持ちが表面化することもあるでしょう。現実とのギャップにガッカリするかもしれません。

ですが、それは向かうべき課題が見えてきた証拠。その課題を解決できるように行動することで、より自分の理想に近づけるようになります。

1日を1時間ずつ刻み、どんなふうに時間を過ごしたいかをスケジューリングしながら、紙やノート、手帳などに書き出してみましょう。

### ▶ 自分のBeingを意識する

　onの日とoffの日は、「**仕事の日**」と「**休日**」で分けてもいいし、「**家で過ごす日**」と「**外出する日**」、「**誰かと過ごす日**」「**ひとりで過ごす日**」など自由に設定してください。

　書き出す時のポイントは、「できるだけ具体的にイメージして書くこと」です。たとえば、「**朝食**」とだけ書くよりも、「**フルーツたっぷりのアサイーボウルに挽きたての香りよいオーガニックコーヒーを朝食代わりにテラスでゆったりとる**」と書くほうがワクワクしませんか？

　理想の人生をつくる1日のイメージをよりふくらませるためにも、詳しく書き出します。そして、書き出したことが自分のBeingにつながっていることを実感してください。

　価値観や理想とするものは、変わらないものもあれば、変化していくものもあります。だからこそ、書き出したものは定期的に見直して、少なくても3ヵ月に1回はその時の理想の1日をアップデートして書き出しましょう。

# WORK

### 理想の1日を書き出す

**EX. onの日とoffの日**

| | onの日 | offの日 |
|---|---|---|
| 6:00 | 起床、洗顔、ストレッチ、身支度 | |
| 7:00 | 朝ごはん、1日の計画を立てる | 起床、洗顔、ストレッチ、身支度 |
| 8:00 | 移動→出勤 | 軽めの朝ごはん、1日の計画を立てる |
| 9:00 | 社内ミーティング | ジムに行く |
| 10:00 | ↓ | ↓ |
| 11:00 | 資料づくり | SHOP巡りなど |
| 12:00 | オーガニックカフェでランチ | 友人と行きたかったレストランでランチ |
| 13:00 | 社外ミーティング | ↓ |
| 14:00 | ↓ | もう一軒行きたかったカフェへ |
| 15:00 | リサーチのため街歩き | ↓ |
| 16:00 | 会社に戻り1日の仕事の振り返りや<br>明日に備えて必要なことの準備 | 帰宅、家の片づけ |
| 17:00 | 退勤、移動の合間に書店併設のカフェで読書 | のんびり本を読んだりSNSをしたり |
| 18:00 | 夕飯の買い出しをして帰宅 | ↓ |
| 19:00 | 夕食の準備&夕食 | 夕食の準備&夕食 |
| 20:00 | 好きな映画を観ながらゆっくり | 勉強や読書、ジャーナリングタイム |
| 21:00 | 語学勉強やジャーナリングタイム | ↓ |
| 22:00 | ゆっくり入浴→ストレッチや瞑想 | ゆっくり入浴→ストレッチや瞑想 |
| 23:00 | 就寝 | 就寝 |

onの日とoffの日に分けて１日の理想的な時間の使い方を書き出してみましょう。自分がエネルギーをかけたいことや向かうべき課題が見えてきます。

|  | onの日 | offの日 |
|---|---|---|
| 6:00 | | |
| 7:00 | | |
| 8:00 | | |
| 9:00 | | |
| 10:00 | | |
| 11:00 | | |
| 12:00 | | |
| 13:00 | | |
| 14:00 | | |
| 15:00 | | |
| 16:00 | | |
| 17:00 | | |
| 18:00 | | |
| 19:00 | | |
| 20:00 | | |
| 21:00 | | |
| 22:00 | | |
| 23:00 | | |

目標から離れてみて気づくことがある

# 理想と現実の働き方の
# ギャップを埋める

KEYWORD

理想の働き方、在り方、理想と現実

　自分を活かせるような理想の働き方をしたいと思ったら、今すぐすべきことがあります。

　そもそも、あなたは**どんな働き方が、高いパフォーマンスを発揮できて自分らしくいられる働き方だと思いますか？**　そんなふうに、まずは自分にとっての理想の働き方を考えるところからはじめましょう。

## ▶ 仕事は自分自身を活かす手段

　あなたにとって理想の働き方とは、どのような状態のことをいいますか？　「働く」ということには、生活のためだけでなはなく、やりたいことを実現するため、チャレンジするため、社会貢献のためなど人によってたくさんの意味を持っています。

　私にとって理想の働き方とは、**自分自身を最大限に表現できること。自分にしかできないことや、自分らしさをビジネスで表現していくこと**だと考えています。さらには、私が発信したことに触れてくれた方が何かの気づきを得たり、ワクワクしたり、安心してくださったりしたら私自身も幸せな気持ちになります。そんな素敵な循環を生み出せることも、私の理想の働き方だと思っています。

## ▶ なぜ理想の働き方ができていないのか?

　理想の働き方ができるかどうかは、職業によるものではありません。私はたまたま起業していますが、学生や会社員、主婦の方にもあてはまります。さらには職業だけでなく、会社員やアルバイトといった雇用形態ですら問わず、働くすべての人にかかわってくる問題です。

　今の時代、**働くことは自分の役割であり、お金を稼ぐという目的だけではない**ほど、人生の大きな部分を占めています。だからこそ、理想の働き方ができるかどうかで、人生のクオリティは大きく変わってきます。

　もしも今、自分を活かせるような理想の働き方ができていないと思ったら、ここでもう一度、自分のBeingに立ち返ってみましょう。

▶図 「Doingにもとづいた働き方」と「Beingにもとづいた働き方」

| Doingにもとづいた働き方 | Beingにもとづいた働き方 |
|---|---|
| こうなりたい(目標) | こう在りたい(価値観) |
| ↓ | ↓ |
| 目標を優先するあまり<br>疲弊する場合も | 自分を活かして<br>理想に近づける |

理想の働き方について
自分と向き合おう!

漠然と「サロンオーナーになる」「起業家になる」といったDoingにもとづいた理想の働き方を掲げる場合、Beingを満たしていないために「なんだか理想の働き方じゃないかも……」となってしまうことも少なくありません。

　目標を持つことは悪いことではないものの、まずは**「どういう自分で在りたいか」を前提としたBeingにもとづいた理想の働き方**を考えてみてください。ここで自分の働き方とどう向き合うかで、あなた自身の理想の在り方であるBeingを満たせるかが決まるといっていいでしょう。

### ▶ 理想と現実のギャップを埋める

　次にすることは、理想の現実のギャップを埋めることです。「どういう自分で在りたいか」という自分のBeingをベースにイメージする理想の働き方を考えて書き出した後は、今のあなたがどんな働き方をしているのかを思い出して書き出しましょう。理想と現実の働き方を書き出して並べてみることで、理想と現実にあるギャップに気づけるようになります。

　**理想と現実にあるギャップの要因は、どんなことだと思いますか?**たとえば理想の働き方が「仕事を自分でマネジメントしたい」で、現実の働き方が「仕事量が多すぎる」だった場合、「自分の仕事の効率が悪い?」「ひとりで仕事を抱え込んでいる?」「上司が私の仕事量を理解していない?」といった要因が考えられるかもしれません。

　だとしたら、今すぐ取りかかれることとして、「仕事のクオリティを上げるためにスキルアップに励む」「後輩にまかせる仕事を増やす」「サポートが必要なことを上司に相談する」などと具体的なアクションプランが出てくるのではないでしょうか。

　このように**理想と現実のギャップを埋めていくことで、自分を活かせる理想の働き方に少しずつ近づいていく**ことができるようになります。

# WORK

## 理想の働き方を考える

自分らしくいられて高いパフォーマンスを発揮できる、自分を活かすための理想の働き方を書き出しましょう。

### あなたの理想の働き方は何ですか?

EX.プロ意識を持つ尊敬できる人たちと高め合える仕事をしたい。

### あなたが「これは絶対にイヤ」と思う働き方はどんなものですか?

EX.ムダな残業が多い。退屈でモチベーションが湧かない。上司が尊敬できない。

### 現実のあなたの働き方はどんなものですか?

EX.職場で自分の意見がなかなか通らない。
営業という仕事は好きだけど最近モチベーションが低いと感じている。

### 理想と現実にあるギャップの要因は何ですか?

EX.考えがまとまりきっていなく、プレゼン能力が低いのかも。
ワクワクすることを見つけられていない。

### 理想に近づくために今すぐできる小さな行動は何ですか?

EX.仕事のクオリティを上げるために読書を習慣にする。
尊敬する〇〇さんと食事のアポをとる。ワクワクすることをリストアップする。

自分の気分は自分で上げる

# 心地よい
# 住環境を整える

---

KEYWORD

---

住環境、モチベーション、気分を上げる

ファッションや食生活には気を配っていても、自分自身を取り巻く環境にこだわりのない人は多いのではないでしょうか。ですが、住環境に妥協はしないでください。高級な住まいや高価なインテリアという意味ではなく、**自分が心地よいと感じ、気分が上がる環境を整える**、ということです。

今ある住まいやインテリアだけでも、片づけや掃除をしてディスプレイを変えてお気に入りのアイテムを加えるだけで、感性が刺激され、より日々をワクワクして過ごすことができます。

## ▶ 住環境から変えるのが手っ取り早い

家はあなたを映す鏡。多くの人がもっとも長い時間を過ごす場所だからこそ、住環境は必ずあなたに大きな影響を与えます。

家と心の状態はリンクしているもの。たとえば、家が散らかっている時は、思考や感情も散らかっているでしょう。風水や禅でもいわれることですが、複雑に絡み合った思考や感情をリセットするためには、家の片づけや掃除が欠かせないのです。

反対に、**スッキリ整った家で心地よいものに囲まれた環境で過ごして**

いると、**気持ちがいいだけでなく癒されたりパワーチャージもできたり
する**もの。住環境を整えることは、じつはすべての変化のカギを握るほ
ど大切なことなのです。

## ▶ ポジティブな循環をつくる

　可能であれば、大胆な模様替えや引越しもおすすめです。気分転換に
なって気持ちがリセットされるだけでなく、**そこにいるだけでモチベー
ションが上がり、理想の部屋のイメージに合ったライフスタイルを送る**
ことができるようになります。

　そうやって毎日が楽しくなれば、いつでも気持ちが前向きになります。
自然にまわりの人にも笑顔で接することができるようになり、あなたの
印象もアップ。すると、新しいご縁や仕事が舞い込んでくる……という
ポジティブな循環が起こることも珍しくありません。

**▶図　住環境を整えると幸せになるメカニズム**

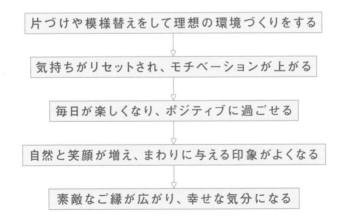

## ▶ 要らないものを手放す

　大胆な模様替えや引越しは難しい場合でも、理想の住環境づくりはできます。ポイントは、**自分にとって何が必要で、何が不要なのかを考える**ことです。

　「しばらく使っていないものは処分する」「好みではなくなったものは必要としている人にあげる」というように要らないものを手放し、ワクワクするものや心地よいと感じるものに囲まれて生活しましょう。

　より気分よく過ごすために、精油（アロマオイル）はおすすめです。集中力を高めたり、気持ちをリラックスさせたりと、その時の体調や気分に合わせて使い分けることで気分をコントロールすることができます。

　音も同様に、気分やTPOによって聞く音楽を変えるといいでしょう。五感を通した刺激は想像以上に心と体に影響します。

　**香りも音も、自分のマインドに影響を与える**ものなので、インテリアと同じくらいこだわって理想の環境づくりをしましょう。こうして自分が整うことで、自分を活かす下準備が整います。

# WORK

---

理想の住まいを考える

モチベーションが上がったり、リラックスでき
たり、ワクワクしたりするような理想の住まい
をイメージして書き出してみましょう。

### あなたの理想の住まいに欠かせないモノやコトは何ですか?

EX.開放感があり、植物がつねに家の中にある。

### あなたが「これは絶対にイヤ」と思う住まいはどんなものですか?

EX.机の上はモノで散らかっていて、クローゼットには着ない服が散乱している。
枯れた植物が放置されている。

### 現実のあなたの住まいはどんなものですか?

EX.窓の前にモノがあって視界を遮っている。
昨日来た服がソファに置きっぱなし。

### 理想と現実にあるギャップの要因は何ですか?

EX.夜遅くに帰宅して、疲れていて何もできない。
平日は時間がなく週末も出かけるので家にいない。

### 理想に近づくために今すぐできる小さな行動は何ですか?

EX.平日の夜の予定は週3までと決めて、家にいる時間を増やす。
要らないものはメルカリに出す。

自分が"活きる"人間関係を考える

# 付き合う人を見極める

KEYWORD

人間関係、付き合う人、付き合わない人

「嫌われたくない」「よく思われたい」「みんなが付き合っているから」「これまで仲良くしてきたから」といった思いで人間関係を築いたり、継続したりしていませんか?

自分を活かして生きるためには、自分を取り囲むまわりの人たちのパーソナリティも重要です。あなたが自分らしく毎日を過ごすために、本当に必要な人は誰ですか? **自分にとって「必要な人」と「必要でない人」を見極めるポイント**をご紹介します。

## ▶ 「誰と付き合うか?」で人生は変わる

**「誰と、どこで、どんなふうに過ごすのか」によって、私たちの意識は大きく変わります。**それはつまり、毎日、どんなことを考え、どんな選択をし、どんなものに囲まれているかで人生が決まるといってもいいでしょう。

なかでも、自分をより活かす環境を手に入れたいと思った時、すぐにできて効果が高いのは**「付き合う人を選ぶ」**ということです。「誰と付き合うか」によって、自分の活かし方はもちろん、人生そのものが変わってきます。

## ▶ 「付き合うべき人」の3条件

では、具体的にどんな人と付き合えばいいのでしょうか。

たとえば、次のような3条件を満たした人が、あなたに必要な「付き合うべき人」といえます。

・あなたを受け入れて応援してくれる人

あなたが迷ったり悩んだりしている時に、「大丈夫だよ」と寄り添い、**背中を後押ししてくれる人**。あなたを肯定してくれる存在はとても心強く、ピンチに立ち向かう勇気も湧いてくるでしょう。

・前向きな気持ちにさせてくれる人

置かれた状況のなかでつねにポジティブな視点を見出し、あなたを**励ましてくれるような人**。信頼感や自己肯定感、安心感を与えてくれる存在でもあります。

・刺激をもらえる人

あなたがやりたいことをすでに叶えている人や、会うだけでワクワクする人、**大好きで憧れの人**。あなたにインスピレーションを与え、別のステージに引き上げることもいとわないため、あなたのモチベーションも自然と上がります。

このような人たちと付き合うことにより、ストレスでエネルギーを減らすことが軽減でき、自分をさらに活かせるようになります。接する時間が長いほど影響を受けやすくなるのも特徴です。

## ▶ 「付き合うべきでない人」の3条件

　反対に、あなたにとって必要でない「付き合うべきでない人」は、次のような人です。ただし、これは一時的である場合もあり、ある一定期間、距離を置いたら良い付き合いができることもあるのでその見極めはしっかりしましょう。

・あなたのエネルギーを奪う人
「一緒にいると疲れる」「相手に依存されすぎる」という人は、あなたのエネルギーを奪う人です。また、あなたのことを否定する人も自尊心を奪われてしまうので距離をとりましょう。

・一緒にいるとお互いの悪い癖がつい出てしまう人
　お互いの悪い癖がやめられなくなる関係は、一緒にいても成長がないだけでなく、自己肯定感まで失う可能性もあるので注意しましょう。

・一緒にいると気持ちが下がる人
　気持ちが下がったり落ち込んだりする相手と一緒にいると、あなた自身のエネルギーも下がってネガティブなスパイラルに巻き込まれてしまうので要注意。

　人を見極めるうえで私が大切にしているのは「自分自身の感覚」です。**体で感じる「快・不快」のような直感的なもので判断**します。相手の目や表情に違和感を抱かないこともポイントです。
　いつでも「今の私に本当に必要？」と自分に問い合わせ、付き合う人を選ぶ意識を持ちましょう。

# WORK

### 理想の人間関係は？

あなたに影響を与えるものとして大きな割合を
占めるのが人間関係です。自分に必要な人と不
必要な人を想像して書き出してみましょう。

### あなたの理想の人間関係はどんなものですか？

EX.励まし合える。褒め合える。成長し合える。尊敬し合える。否定しない。
自分のままでいられる。

### あなたが「これは絶対にイヤ」と思う人間関係はどんなものですか？

EX.悪口や陰口を言い合う。言い訳の言い合い。
決めつけられて自分らしくいられない。

### 現実のあなたの人間関係はどんなものですか？

EX.プライベートは成長し合える仲間と過ごしているが、
職場では足の引っ張り合い。

### 理想と現実にあるギャップの要因は何ですか？

EX.納得のいく仕事を選べていない。
つい相手を優先させてしまい、自分の意見を言えないクセがある。

### 理想に近づくために今すぐできる小さな行動は何ですか？

EX.転職活動を始める。自分を大切にするためにセルフコーチングノートをつける。
先入観を持ったら手放す練習をしてみる。

自分の体が発する声を聞く

# 体と心の
# メンテナンスをする

KEYWORD

体、心、不調、未病ケア

　私たちが仕事やプライベートを楽しめるのも、健康な体があってこそ。そんな大切な体を、あなたはどんなふうに扱っていますか？

　健康な体をいつでもキープしておくためには、「不調のしくみ」と「体のしくみ」を知って、自分に合ったメンテナンスをする習慣を持つことです。

## ▶ 体や心の状態を把握しておく

　いつでも健康な体でいるためには、まずは不調のしくみを知っておく必要があります。不調にはさまざまな要因が考えられますが、生活習慣や心の状態が大きく影響しています。

　添加物や化学物質の問題を含め、「何を食べるのか」「どんなふうに食べるのか」「いつもどのくらい体を動かしているのか」「睡眠の質はどうか」「どのくらいストレスがかかっているのか」「どんな感情や思考の傾向があるか」……こういった自分の生活習慣や心や体の状態を、いつでも客観的に把握しておくことが大事です。

　そのうえで、今の自分の体に必要なことや改善すべきことを考え、実践していきます。

## ▶ 自分の意見を最優先する

　体のしくみを知っておくことも欠かせません。「お医者さんがこう言っているから」「世間ではこう言われているから」ではなく、まずは**あなた自身が自分の体をどう感じているのか**を最優先します。

　今のあなたの体に必要なものと不要なものを知るためにも、体からの声に耳を傾けましょう。自分の体に責任をとれるのは、ほかの誰でもなくあなた自身なのです。

### ▶図　体からの声を聞いて小さな不調をセルフケアする

たとえば「発熱したかな?」と思ったら…

**Self Care1**

「調子が悪くなりそう」という予兆を見逃さない

⬇

**事前にしっかり休んだり、
スケジュール調整をしたりして慌てず対応できる**

**Self Care2**

体にたまった毒や老廃物をデトックスする

⬇

**やみくもに薬に頼る前に、
まずは体内のにたまった不要なものを
出すことに集中する**

ただ、現代はストレスにより体や心の声がわかりにくいことが多いので、まずはストレスを減らすこと、上手に付き合うことを意識しましょう。

## ▶ 未病ケアをする

　「病気というほどではないけれど、体調がすぐれない」という状態を、東洋医学では「未病」と呼んでいます。**冷えや疲労、肩こりやむくみといったことも未病**に含まれます。そうした日常的な不調に対応できる未病ケアを習慣にしましょう。

　たとえば、ちょっとした運動も未病ケアのひとつ。いつもは電車や車に乗る距離を歩いてみる、歯磨きのついでにスクワットをするなど。デスクワークの時間が長くなる時には、軽いストレッチをするだけでも血流やリンパが流れやすくなり、むくみもスッキリします。睡眠の質を上げることもとても大事な未病ケアです。

　自分で自分の体をいたわる習慣をつけて心と体を整えておくと**パフォーマンスが上がり、自分を活かしやすくなる**のは事実。あなたの体はあなたが一生付き合っていくかけがえのない魂の乗りものなのですから。毎日、自分の体と向き合って、小さな変化に気づけるようにしましょう。

# WORK

---

### 体と心のチェック

---

つねに最大のパフォーマンスを発揮するには体と心のケアが欠かせません。セルフチェックを習慣にして、自分をマネジメントしましょう。

## 自分の状態に気づくための体のチェック

☐ 呼吸が浅い
☐ 眠りが浅い
☐ 姿勢をまっすぐに保てない
☐ 肩や腰の筋肉に強い凝りやハリがある
☐ 心臓がドキドキする
☐ 頭痛が多い、たまにめまいがする
☐ 息切れ、息苦しさがある
☐ 喉が詰まったように感じる
☐ 胸に痛みや、胸内に不快感、吐き気、ゲップが出る
☐ 体が冷えやすい、手足が冷たい
☐ 下痢or便秘

上記のセルフチェックをしてみて、自分が今どんな状態だと言えますか？
それを改善するために、できればアクションプランも書いてみましょう。

## 今の状態

EX.ストレスがたまっていてうまく呼吸ができていない。
気分もすぐれないし、寝ても疲れが取れない。

## 改善するためのアクションプラン

EX.寝る前にSNSを見るのはやめて、瞑想を習慣にしてみよう。

いつでも心と体にスペースをつくる

# ニュートラルな状態を
# いつも心がける

KEYWORD

ニュートラル、スペース、余白、先入観、固定観念

「頭の中がいつも考えごとでいっぱい」「たえずせわしなく何かを考えている」といった状態で毎日を過ごしていませんか？　これは、PCでいうとデスクトップがファイルでいっぱいになり、動作が遅くなっているのと同じ状態です。大事な情報を拾いやすくするためにも、頭はもちろん、心と体にはいつでもスペースをつくっておく必要があります。

## ▶ チャンスを取り込む「余白」をつくる

　頭の中が考えごとでいっぱいなのは、いわゆる「アンテナが鈍っている状態」。せっかく必要な情報や絶好のチャンスがめぐってきても、それをキャッチすることができません。

　自分にとって必要な情報やチャンスを逃さないためには、次の2つのことをしておくことをおすすめします。

## ▶ 先入観や固定観念をなくす

　必要な情報やチャンスを逃さないための方法のひとつは、「いつでもニュートラルな状態でいること」です。ニュートラルでいることとは、

先入観や固定観念にとらわれていないことでもあります。

　たとえば、誰かと接する時、「この人はきっとこんな人に違いない」「この人にはきっとわかってもらえない」などと最初から決めつけてしまうのはニュートラルな状態とはいえません。こうした先入観を持ったまま相手と接するのと、先入観のフィルターを外した状態で相手と接するのとでは、その後の展開が大きく変わります。

　なぜなら、先入観がある状態だと相手をありのままに見ることができず、相手のいいところも見えなくなってしまいます。すると、相手の話が入ってこないばかりか、本来はそこから広がる可能性のあったご縁やチャンスまでみずから逃してしまうことにもなりかねないのです。

　先入観のフィルターは、相手だけでなく自分に対してもかけてしまいがちなので注意が必要です。

▶図　先入観をなくし、いつでもニュートラルな状態でいる

先入観にとらわれていると…

「人前で話すのが苦手なんだよな」と
緊張しながら取り組む

先入観をなくすと…

「"人前で話すのが苦手" って思い込んでいたけれど、
もしかしたらあまり場数を踏んでいないだけのことかも
しれないな」とフラットな状態で取り組む

先入観をなくしたほうが
上手くいく場合が多い！

## ▶ 心と体に余裕を持つ

　必要な情報やチャンスを逃さないためには、「いつでも心と体にスペースをつくっておくこと」も大切です。スペースとは余裕のこと。気持ちや時間、経済的なことなどさまざまな分野での余裕のことをいいます。

　スペースのないギリギリ、パツパツの状態では、必要な情報やチャンスをキャッチできないだけでなく、心と体に必要以上の負担がかかってしまうもの。イライラしたり、疲れやすくなったり、やる気が起きなくなったりして、「自分を活かす」というステージまでたどりつくことができません。

　スペースをきちんと確保できるよう、毎日自分と向き合って自分をマネジメントしていきましょう。すると、エネルギー配分もできるようになり、仕事でもプライベートでもパフォーマンス高く、最大限に自分を活かすことが可能になります。

# CHAPTER 3

# 自分を表現する

EXPRESS YOURSELF

伝えるべきは「Doing」ではなく「Being」

# 1分間に
# 自分をまとめる

———————————— KEYWORD ————————————

自己紹介、Being、価値観、在り方

「自分のことを1分で語ってください」といわれて、あなたはどんなふうに答えますか？　これは、単なる自己紹介ではなく、**「自分をどのくらい知っているか？」**のセルフテストでもあります。

　自分のことを普段からよく理解していなければ、短い言葉で自分を語ることはできません。反対に、短い言葉でも自分自身を伝えることができるようになると、人と接する場面で相手の印象に残りやすくなり、出会いやチャンスの機会も広がりはじめます。

## ▶ Beingを伝える

　短い言葉で自分自身を伝えるポイントは、いつもの自己紹介に、あなたのBeingが反映されたひと言を加えることです。

　Beingのある自己紹介は、あなたという人がどんな人かがわかる**自己開示を先にあなたのほうからするため、それを聞いた相手はあなたに対してオープンマインドの状態になります。**

　すると、相手も「私はこんなことを大事にしています」と自分のBeingを伝えやすくなるのです。お互いの価値観を理解し、共有し合えるような会話に発展すると、たとえ出会ってそれほど時間がたっていな

くても親密になれるもの。アカデミーのカリキュラムでも、初日から Beingのある自己紹介をするため、受講者同士の年齢や環境は異なっていても、心から話し合えるような信頼ある人間関係を築けるのです。

## ▶ 大事なのは価値観や在り方

Beingのある自己紹介の具体的な例としては、名前や職業に「**私はチャレンジすることが大好きです。最近はダイビングをはじめました**」や「**私はコツコツ努力を積み重ねるタイプで、毎日日記をつけてもう3年になります**」などといった、あなたの人となりや価値観がわかる言葉をプラスします。

▶図 「Beingのある自己紹介」であなたという人を表現する

Doingだけの自己紹介だと

「**佐藤萌と申します。会社員です**」

Beingのある自己紹介なら

「**会社員の佐藤萌と申します。
料理が好きで、旬の野菜を使ったレシピを
Instagramで発信しています**」

「**料理が得意な人なのね！**」という
印象が相手にインプットされる

すると、名前や職業だけよりも、格段にその人がどんな人かが見えてくると思いませんか？

　繰り返しになりますが、名前や職業、住んでいる地域や家族構成などは、物ごとの状態を表すDoing、あなたの価値観や在り方を表すのはBeingです。

　たとえば、たった1分間、自分を語る場面でも、**最低限のDoingのインフォメーションに、いくつかのBeingが含まれる言葉をプラスして**自己紹介を完成させましょう。

## ▶ 客観的に自分を見る

　あなたという人がどんな人なのかを、より伝えやすくするためには、今の自分を客観的に知る必要があるので、手っ取り早くておすすめなのは動画撮影をすることです。Beingのある自己紹介をしている姿をセルフィーで撮影してみましょう。

　そうすることで、**自分の姿をリアルに客観的に見ることができます。**自己紹介の内容について、「もっとこういうことを話したほうが、より私という人間が伝わりそうだな」と気づくこともあれば、「表情がかたいな」「話し方にクセがあるな」「話に間がないな」など、さまざまな発見もあります。そこで気づいたことで、**あなたというブランドにふさわしくない特徴やクセなどは、日常的に意識して改善していく**こともできるでしょう。

　これは自己紹介だけでなく、人とのコミュニケーションも上手になる習慣でもあります。

# WORK

### 1分間自己紹介

自分を客観視して1分間で自分を表現してみましょう。単なるDoingだけの自己紹介にならず、価値観や在り方を表すBeingを加えるのがポイントです。

名前

住まい

家族構成

Beingを含めた仕事や趣味、得意なことなど

```
┌─────────────────────────────┐
│        LESSON 29            │
│                             │
│        人は印象が9割         │
│    見た目と言動を           │
│    一致させる               │
│                             │
│ ─────── KEYWORD ───────     │
│ 第一印象、メラビアンの法則、外見、言動  │
└─────────────────────────────┘
```

「人の第一印象は９割が見た目で決まる」という話を聞いたことがありますか？　ほぼ見た目の印象で左右される、といってもガッカリするには及びません。

なぜなら、「こういう自分で在りたい」というBeingを持っていれば、自分の印象を自由に表現することはできるからです。あなたというブランドをどう表現していくかは、すべて自分次第なのです。

### ▶ 見た目と言動が「印象」をつくる

人の第一印象を決めるのは、**「視覚情報が55％」**　**「聴覚情報が38％」**　**「残りの7％が言語情報」**。だから、９割以上（93％）は、外に発する要素の"印象"で決まります……という「メラビアンの法則」を提唱したのは心理学者のアルバート・メラビアン。この法則にしたがうと、外に発する要素の印象をよくすることで、相手に好印象を残すことができるということになります。

ここで誤解のないようにお伝えすると、「だからといって、外見だけを磨けばいい」というわけではない、ということです。やみくもに美容やファッション、ダイエットに力を入れるだけでは不十分。外に見せる

印象は、あなたの外見が価値観や言動と一致している必要があります。

　見た目と価値観や言動が一致していることは、あなたの全体の印象をつくり、相手に信頼感を与えます。自分自身に誓っている信念と言動が同じ方向を向いていることで、「私はこれでいいんだ」という自信にもつながり、自己肯定感も増します。

## ▶ Beingに沿った印象を与える

　あなたの見た目と言動が一致していて、さらにそれが自分自身のBeingに沿ったものであれば、そのBeingそのままの印象を相手に与えることができ、それが信頼という形で育っていきます。

### ▶ 図 「Being×外見×言動」を一致させる

「Being×外見×言動」が
一致していると最強のブランドになる

（例）パーソナルトレーナーの仕事をしている

| Being | 心身の健康 |
| 外見 | だらしない身体 |
| 言動 | 不摂生な生活 |

↓

「Being×外見×言動」が
ちぐはぐで説得力に欠ける

| Being | 心身の健康 |
| 外見 | 引き締まった身体 |
| 言動 | 毎日トレーニング |

↓

「Being×外見×言動」が
一致していて信頼感が増す

たとえば、「美容の仕事をしています。世の中に素敵な女性を増やしたいんです」という方が華やかでキレイな明るい印象だと、それだけで説得力が生まれますよね。

　反対に、ビジネスコンサルタントなのにだらしない身なりで、明らかに稼いでいなさそうな人や、健康のことを語っているのに顔色が悪く不健康そうな人などは、本人のBeingに沿わず、見た目と言動が一致していないためちぐはぐな印象を与え、信頼感に乏しいと思われてしまうでしょう。

　自分自身のBeingに沿った印象を繰り返し人に与え続けると、あなたというブランドはますます磨かれていきます。

　**ブランドが磨かれ、強化されていくと、まわりが勝手にあなたの宣伝をしはじめるようになるものです**。「こういう人がいて、素敵なんです！」というように。そうやって、あなたのいい噂は、思いがけない出会いやチャンスに結びついていくのです。

## ▶ 「在りたい自分」は自分でつくる

　このように、あなたの見た目と言動を一致させるためには、まずはBeingをハッキリさせる必要があります。大切なのは、「**こういう自分で在りたい**」と考える自分を、**見た目や話し方、行動で表現し、自分で自分の印象をつくっていく**ことです。

　自分自身のBeingに沿った、あなたというブランドを展開していくためにふさわしい印象を身にまといましょう。

脳は主語を理解できない

# 普段の言葉を意識する

KEYWORD

言葉、口グセ、セルフイメージ

あなたにもっとも多くの影響を与えているものは、なんでしょうか？

それは「あなたが使っている言葉」です。

自分の言葉は、自分がいちばん近くで聞いているもの。前向きな言葉を使うほどポジティブな人になっていくし、後ろ向きな言葉や人の悪口を口にすればますますネガティブな人になっていきます。だからこそ、理想の自分にふさわしい言葉の使い方を普段から心がけることが大切なのです。

## ▶ 言葉が現実をつくる

あなたが普段なにげなく口にしている言葉は、あなたに大きな影響を与えています。

たとえば、「自分には無理」「自分のこんなところがイヤなんだよね」「どうせ自分なんて……」といったネガティブな言葉が口グセになっていると、結局はいちばん近くでその言葉を聞き続けているあなた自身が影響を受け、言葉どおりになってしまうことになります。

さらに、「脳は主語を理解できない」といわれています。これはつまり、他人に対して向けた悪口や暴言、ボヤキやグチもみんな、あなた自

身に放った言葉として脳が判断し、ネガティブな方向に引っ張って行こうとするのです。だからこそ、普段から自分が口にする言葉には、注意が必要なのです。

### ▶ 前向きな言葉に置き換える

私のアカデミーの受講生に、「できない」という言葉をよく使う方がいました。レッスンのなかでワークを進めているうちにそのことに気づいた本人は、それからは**意識的に「できない」という言葉を使わず、できるだけ前向きな言葉に置き換えて口にするようにしました。**

▶ 図 ネガティブな言葉をポジティブに変換する

ネガティブな言葉よりポジティブな言葉で
理想の自分になる

「そんなことできないよ……」

↓

このくらいならできるかも!

「どうせダメだろうな」

↓

どうなるかわからないけれど、やってみよう!

ポジティブな言葉を使うと、
意識が変わり、
起こる出来事も変わる

すると、その日を境に少しずつ考え方や日常で起こる出来事が変わっていったといいます。

ネガティブな言葉を使っていると、それがいつのまにか刷り込まれてしまうように、「私ならできる」「私って最高」という前向きな言葉を口にし続けると、**セルフイメージはみるみる上がり、自然とポジティブな考え方ができるようになる**のです。

## ▶ イヤなことがあったら「ありがとう」

ちなみに私の場合、イヤなことがあったとしても、それは何かしら次につながる「成長のヒント」だと思うことにしています。だから、文句を言うのではなく、**「大切なことを気づかせてくれてありがとう」**と感謝の言葉を口にするよう心がけています。

感謝の言葉を口にする習慣を持つと、「感謝したくなること」をたくさん見つけられるようになり、幸せ体質になります。

さて、今のあなたは、理想の自分にふさわしい言葉を使っていますか？　「これは理想の私にふさわしい言葉の使い方だ！」と思う言葉だけを選んで、口にしてみてください。そうすることで理想の自分に近づくスピードがぐんと増します。

生きているだけで私たちは自分を表現している

# 在りたい自分を宣言する

――――――― KEYWORD ―――――――

在りたい自分、覚悟、行動、輝きの正体

「昨日と同じような今日」を「意味のある今日」に変えようと思うなら、「私はこう在りたい」と決めることです。そして、その決めたことをほかの誰かに伝える前に、まずは自分自身に宣言するがごとく、自分に向けて表現してみましょう。

## ▶ 覚悟を決めて自分から行動する

「在りのままの自分でいる」という言葉には、「素の自分でいる」「飾らない自分でいる」ということのほかに、もうひとつ意味があると思っています。

それは、「『こう在りたい』と決めた自分でいる」ということです。

何もしない、何も変わろうとしない今の自分を受け入れてもらおうとただ漠然と受け身で願うのではなく、「私はこう在りたい」「こういう私でいたい」と覚悟を決めて、そこに向かって自分から行動する。

それこそが、もうひとつの「在りのままの自分でいる」ということだと思うのです。

## ▶ 「在りたい自分」を決める

「在りたい自分」を決めたら、そのイメージを深く掘り下げていきます。
「在りたい自分」でいるためには、どんなファッションやヘアスタイル
でいる？　どんな言葉を選び、どんな話し方をする？　どんなライフス
タイルで、どんな働き方をする？

　そんなふうに「在りたい自分」のイメージを細かい部分まで自分の頭
で考え、心で感じてみましょう。そして、それにもとづいて「『こう在
りたい』と決めた自分でいよう」と自分自身に宣言しましょう。

▶ 図　「在りたい自分」でいるために何をする？

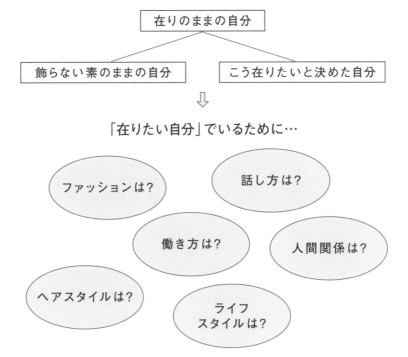

在りのままの自分

飾らない素のままの自分　　　こう在りたいと決めた自分

「在りたい自分」でいるために…

ファッションは？

話し方は？

働き方は？

人間関係は？

ヘアスタイルは？

ライフ
スタイルは？

すると、その瞬間から「在りたい自分」を表現して生きることになるのです。

　そもそも私たちは、毎日生きているだけで自分を表現しているもの。**「私は何もしていないから」**という人ですら、**「何もしていない自分」ということを表現している**のです。だとしたら、「私はこう在りたい」「こういう私でいたい」と決めて生きていくほうが、ブレがなく、意味のある毎日を過ごせて気持ちがいいと思いませんか？

　「在りたい自分」を宣言した人は、輝きはじめます。その**輝きの正体は、「自分をよく見せよう」という気持ちではなく、「これが私です」という自然体で生きる人だけがまとえるオーラによるもの。**キラキラさせようと意識しなくても、勝手にキラキラと輝きを放ってしまうようになるのです。

## ▶ 「こう在りたい」を宣言するコツ

　では、実際にどんなふうに自分自身に「在りたい自分」を宣言したらいいのでしょうか。そこにはちょっとしたコツがあります。

　Beingが「こう在りたい」という感情を表すのに対し、**宣言する時は「こう在りたいから、こうします」などと具体的な行動や状態まで掲げる**ようにします。

　たとえば、「クリエイティブな自分でいたいから、迷ったら挑戦します」「いつでも自由で在りたいから、断る勇気を持ちます」「自分らしくいられるように、いつでも笑顔でいます」というように、誓いをたててみてください。

　大切なのは、ほかの誰かではなく**自分自身に宣言すること**です。それが「在りたい自分」を表現するための、はじめの一歩になります。

# WORK

---

## 在りたい自分を宣言する

あなたはどんな人でいたいですか？　在りたい自分は
どんなもので、在りたい自分でいるためにどんな行動
が必要なのかをイメージして、自分に宣言しましょう。

**EX.クリエイティブな自分でいたいから迷ったら挑戦します。**

```
┌─────────────────────────────┐
│                             │
└─────────────────────────────┘
```

### で在りたいから

```
┌─────────────────────────────┐
│                             │
└─────────────────────────────┘
```

### します。

```
┌─────────────────────────────┐
│                             │
└─────────────────────────────┘
```

### な自分で在りたいから

```
┌─────────────────────────────┐
│                             │
└─────────────────────────────┘
```

### します。

```
┌─────────────────────────────┐
│                             │
└─────────────────────────────┘
```

### な自分でいられるよう

```
┌─────────────────────────────┐
│                             │
└─────────────────────────────┘
```

### します。

決めることで「捨てるもの」がわかる

# 価値観から
# ブランドをつくる

KEYWORD

価値観、ブランドコンセプト、軸

「人前に出る仕事じゃないから」「SNSはしないから」という場合でも、自分自身をブランド化することは大切です。「brand」とは「burned」、つまり「焼印を押す」ことで、他人の家畜と自分の家畜を区別するために生まれた言葉。「なりたい自分」に近づくためには、魅力やパーソナリティ、思いなどをまとめたブランド構築が不可欠です。

## ▶ ブランドの「軸」を決める

一般的にブランディングとは、見せ方や表面的なことにフォーカスしがちですが、私のアカデミーでは**自分の思考や行動、言葉がつねに一貫性があるかどうか**も大切にします。

自分の理想の姿をイメージして、ファッションやメイク、言葉の使い方やふるまい方、人とのコミュニケーションのとり方、生き方まで、自分が思い描く理想に近づくためのアプローチをしていきます。

あなたという**ブランドの「軸」を自分自身で決めることも必要**です。あなたのBeingが反映された、揺るぎない軸はどんなことですか？「何でもチャレンジする」「カッコいい生き方」「小さなことを大切にする」「明るく元気な笑顔」など、**あなたが大事にしていること**

「**Being（価値観）**」を軸にしましょう。

　あなただけの軸があることで、ブランドは強力な差別化となり、見える世界や出会う人、チャンスも変わり、人生にポジティブな変化が起こるようになります。

▶ **情熱を注げるものを探す**

「私は平凡だから……」と尻込みする必要はありません。自分の個性や才能に気づいていないだけで、平凡な人はひとりもいません。

▶図　ブランド力が高まるメカニズム

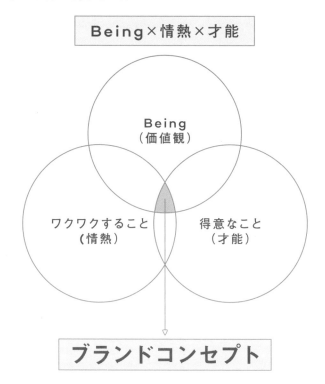

ブランディングの基本は、自分を知ること。自分のなかにどんな材料があって、**その材料のうち「どれにワクワクするのか？」「情熱を注げるのはどれか？」「得意なことや強みは何か？」**を自分に問いかけて、探っていきましょう。

　一方で、「まわりからどう見られているか？」を客観的にとらえることも欠かせません。自分で気づいていない個性や魅力、強みも、まわりの人にヒアリングして知ることができます。それはつまり、あなたの得意なこと、才能ともいえるものです。こうして、**「Being（価値観）」「情熱」「才能」が重なる部分をブランドのコンセプト**にします。

## ▶ コンセプトに沿わないものを手放す

　ブランドコンセプトが決まったら、そのコンセプトに沿わないことを捨てる勇気も必要です。**「『なりたい自分』がいるのに、うまく身動きがとれない」と感じる多くの場合、おそらく余分なものや思いを抱えていることがほとんどです。**

　たとえば、自分のブランドの軸（Being）を「好きなことをして生きる」と決め、「自分の夢だったことで起業する」という理想があるのに、「それほど好きではない仕事だったけれど、会社員の営業職として15年働いたキャリアがある」というケースでは、築いてきたキャリアを手放す勇気がなかなか持てないかもしれません。

　でも、**モノやお金、キャリアなど、自分で築いたものは、たとえ手放してももう一度つくることができます。**「なくしたらどうしよう」ではなく、「もともとないものだったのだから、ほしくなったらまたつくればいい」という感覚で大丈夫。

　そうやって、ブランドコンセプトに必要なものだけを残し、必要ないものを手放していくことを繰り返すと、ブランドはますます研ぎ澄まされ、やがてあなたという唯一無二のブランドができあがっていくのです。

# WORK

## ブランドコンセプトの作成

あなたのブランドコンセプトを書き出してみましょう。
そのためにブランドの軸となる「Being」を決め、情熱
を注げるもの、才能を見つけていきましょう。

**あなたのブランドの軸（Being）は何ですか？**

**あなたがワクワクすることは何ですか？**

**あなたが得意だと思うことや人から褒められることは何ですか？**

**上記を掛け合わせてブランドコンセプトを決めましょう**

いつ会ってもブレない人を目指す

# ブランドの価値とは
# 安定感

---

KEYWORD

---

ブランド、軸、一貫性、感情、感覚、価値

私が考えるブランドとは、ブレない軸を持っていること。つまり、安定感です。安定感というと退屈な感じがするかもしれません。ですが、本物のプロフェッショナルとは、「いつでも安定した印象を残し、安定した結果を出せる人」だと私は思っています。

## ▶ 一貫性を持たせる

いつでも安定した世界観やサービスを提供するのがブランドの価値。老舗のハイブランドを思い浮かべた時、たとえば「**エルメスはオレンジ色や馬車のモチーフが印象的。気品を感じる**」「**シャネルは黒と白、カメリアのモチーフや遊び心あるエレガントな雰囲気が特徴的**」というように、それぞれのイメージを抱くもの。長い年月を経ても変わることのない安定感があります。

## ▶ 他人に与える感覚や感情を意識する

あなたというブランドは、どういったイメージのパワーを人に与えているのでしょう。ここでいうイメージのパワーとは、あなたが相手と接

する時に与える「感覚」や「感情」とも言い換えられます。

　**与えている感覚や感情が安定したものであれば、それ自体もあなたが人に与える価値になります。**

　たとえば、いつ会っても「元気になるよね」「癒されるな」「モチベーションが上がるんだよね」などと感じさせ、そういう感覚や感情を求める時に「あの人に会いたいな」と思われるようなポジティブな影響のことです。いつ会っても安定した感覚や感情を与えられることは、あなたというブランドをより強化することにつながります。

　では、あなたというブランドの安定感を生み出すにはどうしたらいいのでしょうか。

　繰り返しになりますが、それは「私はこう在りたい」「私はこれを伝えたい」という自分のBeingのともなう軸を持つことなのです。

▶ 図　一貫性がないブランドは価値を生まない

| 地球環境に配慮した<br>エコ活動 | ✕ | ゴージャスで派手な<br>服装やメイク |
| :---: | :---: | :---: |

**チグハグなブランディングは混乱が生じる**

ブランディングシートで「言動の判断基準」ができる

# 自分だけの
# 世界観をつくる

―――――――― KEYWORD ――――――――

世界観、ブランディングシート、判断基準

　自分の価値観や在り方を表すBeingを明確にしたら、自分だけの世界観でそれを表現していきましょう。あなたの価値観を寄せ集めた世界観は世界にひとつのオンリーワンなものです。

　あなたというブランドは、どんな世界観を持っているのでしょうか。その世界観にふさわしいのは、あなたがどんな言葉を使い、どんな行動をし、どんな見た目でいることでしょうか。あらためて考えてみましょう。

## ▶ ブランディングシートをつくる

　自分の世界観を表現するためには、ブランディングシートをつくることがおすすめです。

　**ブランディングシートとは、あなたという唯一無二のブランドがどんな思いや世界観を持っているのかをまとめたシート**のこと。私のアカデミーの受講者のみなさんにも作成してもらっています。

　ブランディングシートには、「キーワード」「コンセプト」「キャッチコピー」「ストーリー」「オリジナリティや強み」「ターゲット」を書き込むようにします。これは、多くの世界の人たちを魅了するトップ

ブランドはもちろん、トレンドを生み出すショップやサロンなどでも、各分野の専門家たちによってディテールの微妙なニュアンスまで細かく丁寧に詰めて、決めていることです。

## ▶ 自分の判断基準ができる

　ブランディングシートをつくると、あなたというブランドを表現しやすくなります。**表現しやすいとは、つねに人に示す言動を選択できる**ということ。

　たとえば、はじめての人と会う時に、「今日の自分は自分のブランドコンセプトと合っているのかな？」「自分の発言はキャッチコピーと矛盾していないかな？」というように、ブランドづくりの判断基準にできます。

## ▶ ブランドにふさわしい選択をする

　ブランディングシートをつくったら、あなたというブランドの世界観をより固めていきましょう。そのためにはブランディングシートに沿って、あなたのブランドにふさわしいことを選択していく必要があります。

　具体的には、**あなたの言葉の選び方や使い方、ファッションやメイク、ヘアスタイルや表情といった、小さなことを含めたあなたにまつわるすべてのことに一貫性を持たせる**ようにしましょう。それは、モノの選び方や住まい、出かける場所、付き合う人、生き方など、すべてです。

　ブランディングシートで決めたこととあなた自身の言動や見た目がピッタリ一致すると、あなたというブランドの世界観は周囲のなかでもひときわ輝いて見えます。「私はこう！」と自分が決めたことがそのまま、まわりの人の目に映るようになるので、さらに自信を持つことができ、表現するたびにワクワクしていくはずです。

# WORK

### ブランディングシート作成

あなたの言動はブランドの世界観と一貫性がありますか？ あなたというブランドを表現しやすくするためにもブランディングシートを書き出しましょう。

● **あなたを表す言葉（ブランディングイメージのキーワード）**

EX.ウェルネス、健康美、食、自然、白、清潔感、クリアリング

● **あなたのコンセプト&キャッチコピー**

EX.自分の心と体と丁寧に向き合う、真っ白なキャンバスのように常にクリアな自分でいる

## ● あなたの個性（オリジナリティ）

EX.健康に関する話をしたら止まらない、思い立ったら即行動！

## ● 今のあなたができるまでのストーリー（あなたをつくっていること）

EX.何をやっても上手くいかなかった私が一人旅で自分と向き合って自信を手に入れた

## ● あなたの強みや魅力、才能

EX.10年間ひとつのことを続けてきたこと、相手に寄り添い心から話を聴けること

欲しい未来のために「過去」を振り返り「未来」を想像する

# 10年ごとの
# 人生タイトルをつける

---
KEYWORD
---

人生タイトル、過去、未来、映画、欲しい未来

　自分を表現することを深める方法のひとつに、これまでの人生とこれからの人生を10年ごとに区切ってそれぞれの年代にタイトルをつける、というものがあります。

　**不特定多数の人に向けて情報を発信することだけが、自分を表現することではありません。**自分で自分の人生のストーリーを紡いでいくために、自分の人生をイメージし、言葉で表現してみましょう。

▶ **未来は今日はじまる**

　過去の出来事を変えることはできませんが、意味づけを変えることはできます。そして、未来は今この瞬間から創っていけるのです。

　どんな未来が待っているかはわかりませんが、**何も考えずに過ごすのと、未来を想像してワクワクしながら過ごすのとでは結果が変わってくる**気はしませんか？

　だからこそ「こうなったらいいな」「こんなふうにしたいな」をイメージして、言葉で表現しておくことは大事です。そのために試してほしいのが、過去と未来の自分の人生にタイトルをつけることです。

## ▶ 映画の「監督・脚本家・主人公」になりきる

　人生は撮り直しのきかない1本のライブ映画です。主人公はあなた、脚本家もあなた、演出も広告塔もあなたです。ここではあなたの人生を10年単位で区切り、**それぞれの時代に合わせて映画のようなタイトルをつけていきましょう**。これをすることで、自分の人生を客観的にとらえることができ、人生をより味わいながら夢に向かって進んでいくことができるようになります。

　私の場合、20歳の時に自分の居場所をなくしてはじめてロンドンにひとり旅を経験。帰国後に起業した20代の映画ジャンルは**青春＆冒険系で「葛藤からの自己実現への道」**とか、環境問題や教育問題に取り組むことをはじめた40代の今だったら**ヒューマン系で「美しき地球の未来への挑戦」**といった感じでしょうか。

　これから迎える時代についても、**「どんなストーリーを展開させたいか？」**を考えながらタイトルをそれぞれ考えてみましょう。そこで気をつけたいのは、過去の自分を振り返った時、**起こった出来事やつけたタ**

イトルに「いい」とか「悪い」といったレッテルを貼らない、ということです。

たとえば、10代の時に何か気持ちが落ち込むようなことや傷つくことを経験したとして、自分でつけたタイトルも悲しいものになるかもしれません。ただ、その時代は不本意だったりつらかったりするストーリーの映画を上映したかもしれませんが、次の10年やそのまた次の10年も必ずそれが続くとは限りません。

その悲しいタイトルのついた時代を経験したことがきっかけで、物語はコメディ路線に変更するかもしれないし、ハッピーエンドに向かって幸福感が増幅する話に展開するかもしれないのです。

起こったことは変えられませんが、あくまでもシンプルに「こういう時代があったな」と認識するだけでよく、そこにジャッジメントを加える必要はありません。

**フォーカスすべきは、過去のことより今から起こること。**想像力やひらめきをつかさどるといわれる右脳をどんどん解放して、制限なく自分の未来のイメージをどんどん膨らませていきましょう。

## ▶ 欲しい未来は自分で表現しながら手に入れよう

繰り返しになりますが、考えることやイメージすること、感じることを放棄していては、素敵な未来は手に入れにくいものです。

アメリカの成功哲学の提唱者であるナポレオン・ヒルのベストセラー『思考は現実化する』では、考えたことを実現させるために必要なのは「願望の明確化」「願望を叶える代償としてやめるべきことを決める」「期限を決める」「計画を立てる」「紙に書き出す」「何度も読み返す」という6つの項目だと伝えています。

いずれも自分を表現することにつながる行動です。欲しい未来は表現しながら現実化させましょう。

# WORK

## 10年ごとのタイトルを書く

映画の監督や脚本家、主人公になりきって10年ごとに
タイトルをつけましょう。くれぐれも過去の出来事に
「いい・悪い」のレッテルを貼らないでください。

**10代のタイトル**

**20代のタイトル**

**30代のタイトル**

**40代のタイトル**

**50代のタイトル**

**60代のタイトル**

**70代のタイトル**

( LESSON 36 )

脳の機能を活かして「なりたい自分」になる

# 未来の自分に
# なりきる

───────── KEYWORD ─────────

未来の自分、言語化、ミラーニューロン

「未来の自分になりきって、未来のイメージを言語化する」ことで、未来の自分を幸せにすることもできます。ためしに「**もう、そうなった自分**」を想定して**言葉にしてみてください**。たちまち心がワクワクしはじめるはずです。

## ▶ 未来の自分を描いて「なりきる」

今日着る洋服のコーディネートをするときや料理をつくる時など、私たちは無意識に完成形やゴールをイメージしながら行動しているのではないでしょうか。

おそらくそこには、「**イメージしていないことはできない**」という無意識の法則があるから。満足できる結果を得るために、事前にイメージすることは欠かせません。

同じことが未来の自分にもあてはまります。イメージしていない自分にはなれません。「どんな自分でいるのか」をイメージしていると、その理想の未来の自分に近づけていくことができます。

私のアカデミーでもレッスンの終盤になると、「未来の自分になりきって、それを言語化する」というワークを受講生全員でおこないます。

これをすることで、「もうそれが叶った自分」のマインドになりきることができるようになります。

## ▶ 脳をだませば「なりたい自分」になれる

未来の自分になりきるのは、じつはとても簡単です。なぜなら、脳の機能を知れば、それを活かすだけで誰にでもできてしまうからです。

私たちの脳にはミラーニューロンといわれる神経細胞があり、「ものまねニューロン」とも呼ばれています。実際に自分で経験していないことであっても、ミラーニューロンを通じることで、まるで自分がしたかのようにマネしようとする、という働きをするとのこと。この働きを活かせば、脳をだますことも可能です。

つまり、まだ叶っていないことであっても、**それが叶ったつもりで言語化して口に出すことによって脳はだまされ**、「もう、そうなった自分」のマインドでワクワクしはじめます。

## ▶ 「素敵な勘違い」で思い通りの未来を手に入れる

「未来の自分になりきって、それを言語化する」を実際にやってみると、こんな感じになります。

私は「いつか取りたい」と思っていたヨガインストラクターの資格のRYT200の資格を取得して3年がたちました。あのときはインストラクターになるつもりなんてなかったのですが、今は世界各国でヨガのレッスンを持っています。今月訪れたパリの教室ではとても盛況で、来月はNYで開催されるヨガのイベントにも参加する予定があってとても楽しみです。ありがとうございます！

このようなイメージです。たとえ、現実にはまだ資格を取得していない場合でも、もうそれが完了した形で言語化します。自分自身がいかに素敵な勘違いができるか、がポイントです。

　アカデミーでは全員がそうやって未来の自分になりきってノリノリで言語化して発表し合い、褒め合うことで、「おめでとう！」「よかったね！」という幸せな空気に包まれます。

　この状態になると気持ちは上がり、脳もそれが未来のことであってもすっかりだまされて、「それを叶えられた人」と認識され、実際に自信を持って行動していくことができるようになるのです。

　そんなふうに自分を表現するだけで心がワクワクし、描いた未来が手に入りやすくなるなら、今すぐ試してみても損はないと思いませんか？

# WORK

---
夢のプレゼンテーション

未来のあなたは何を叶えていますか？　そして何を大切にし、どんな信念を持ち、どう在るでしょうか？「未来の自分」になりきって書き出してみましょう。

# WORK INDEX

## CHAPTER3 自分を表現する　EXPRESS YOURSELF

( おわりに )

最後までお読みいただきまして、どうもありがとうございました。

「はじめに」では、「本書はやりたいことや自分の強みを見つけたい人や、自分の強みを活かしたい人に向けて書きました」と書きましたが、じつはもっと多くの人に気持ちを込めて書いた本でもあります。

たとえば、こんな人たちです。

・自分や自分の人生を少しでもよくしたいと思っている人
・今よりもっと成長したいと考えている人
・これからもっと幸せになりたいと願っている人
・毎日を楽しく過ごしたい人

そして、上記のようなことを感じていながらも、具体的にどうしたらいいかわからない人にも本書を読んでいただけたら「何をしたらいいのか?」が書いてあるので、自分を動かす力になるのではないかと思っています。

さてここで、私のキャリアについて簡単に紹介をさせてください。

高校生の頃、学校に通うことに意味をどうしても見出せずに中退し、当時情熱を注ぐことができたファッションや美容業界を目指して単身で上京。SHIBUYA109では「カリスマ店員」として数多くのメディアで取り上げていただきました。

その後、22歳で起業。美容→心身の健康といった流れで、それぞれの分野で研究を深め、さまざまなビジネスに発展させてきました。現在までに、3つの資格制度の運営や企業や大学などでの講演、女性リーダ

ーの社団法人の設立／運営なども経験し、最近では「いかに人や社会に貢献できるか？」「人としていかに徳を積めるか？」という部分に興味があり、環境活動事業や社会貢献事業の展開にもかかわっています。

15年以上前から定期的に主催していることのひとつに「わんわんクリーン隊」という街やビーチをクリーンアップする活動があります。

これは、自然を守りながら環境やエコへの意識を高め、街の美化や地域活性などを目的とした活動で、参加者のみなさんが犬や子どもたちとともに散歩をしながらゴミ拾いをするという楽しいものです。

現在は私が住む葉山の海辺で開催することが多く、近郊の方のみならず、都会に住んでいる方が自然に触れる機会になっています。また、ペットを飼えない子どもたちが動物と触れ合う場にもなっていて、毎回たくさんの参加者が集まります。以前、田舎のコンビニの裏に捨てられていた犬を保護して里親をしていたという経験がきっかけで、保護犬活動にも関心があり、現在は保護犬を飼ったり、情報の発信を続けています。

また数年前から定期的に社会活動家の方を招いた講演会を多く主催していて、大切なことを多くの人に知ってもらう機会をつくったりしています。今年の初めにはバングラディシュのスラム街や孤児院にも訪問してきました。

動物や子ども、発展途上国の人たちに共通することは「弱い立場の者」ということ。私はこの格差をなくし、豊かな循環を生む世界を実現したいと思っています。そのために、自分の武器を活かして「発信」しています。

こうした私の活動は、私の使命であり原動力にもなっているのですが、結局は誰かや何かのためではなく「自分のため」にしています。

こうしたほうが"自分が心地いい"から。自分の信念に合う行動をする

ことで"自分に嘘がなく気持ちいい"から。自分に優しい選択や行動力の延長線上に社会貢献はあると思います。もし自分を満たしていないのに人に貢献していたらそれは自己犠牲の上にあるので、疲弊するかバーンアウトしてしまい、持続可能ではありません。

　ところで、幸福の種類や度合いを示す考え方として脳内ホルモンにたとえた「幸せのピラミッド」の話を聞いたことがありますか？
「幸せのピラミッド」は3段階の階層から構成されていて、ピラミッドの土台部分を成しているのは「セロトニン的幸福」。ここでは健康な心と体で自分自身を満たすことで、幸せを感じることができるといいます。
　その上に存在するのが「オキシトシン的幸福」です。ここでは人とのつながりや愛といったことで幸せを感じられるとのこと。
　ピラミッドの頂点に位置しているのは「ドーパミン的幸福」で、ここではお金や成功といったことに幸せを感じるとされています。

　多くの人は、早く幸せを手に入れようとお金や成功といったピラミッドの頂点であるドーパミン的幸福をいきなり目指そうとするもの。
　ですが、本来はまず心と体が健康であることが最優先、そのうえで人間関係がうまくいっている状態があって、ようやく最後にお金や成功を手に入れる、といった下から積み上げていくスタイルのアプローチが幸せへのロードマップです。
　下から積み上げたものは崩れにくいのですが、上から積み上げていくと途端に崩れてしまいますよね。つまり、まずは自分の心と体の健康なくしては、その先にあるさまざまな幸せをつかむことはできない、ということになるのです。

　心の健康という意味では、自分と仲良くなることが重要。
　その意味でも、まず自分を知ることに注力するのは理にかなっている

ことといえそうです。なぜなら、「どうしたら自分が満たされた心地いい状態でいられるか？」を知って、それを実践できるからです。自分と仲良くなり自分に優しくできたら、まわりの人に優しくできたり、その輪が広がっていくと社会にもよりよいものを提供することができるようになるからです。

　私が今、環境活動事業や社会貢献事業といった自分以外のことに目が向くようになったのも、自分を知って満たすことを追求した結果であり、自分の幸せが人や社会も幸せにすることにつながる自然な流れだったのかもしれません。

　本書で紹介している「自分を知る」→「自分を活かす」→「自分を表現する」の順番にも同じことがいえます。

　まずは自分を知らなければ、正しく活かすことも表現することもかないません。だからこそ、自分を知ることは大事なこと。自分のBeingに沿って「どうしたら自分が満たされた心地いい状態でいられるか？」を正しく見定めることは外せないのです。

　今の私が目指しているのは、すべての人が主体的に心地よく生きる社会で、精神的や肉体的、社会的などすべてにおいて満たされ、持続的に幸せがもたらされるウェルビーイングな状態でいられることです。

　本書を手に取ってくださった人が自分を言語化することをきっかけに幸せになることはもちろん、ひとりでも多く自分を肯定して生きられる人を増やしていくことにつながれば、著者としてこれにまさるよろこびはありません。

2023年7月7日七夕の夜

長谷川エレナ朋美

長谷川エレナ朋美　HASEGAWA ERENA TOMOMI

株式会社LUMIERE 代表取締役
1981年生まれ。千葉県出身。10代で上京し、当時ブームだったSHIBUYA109のカリスマ店員として活躍、様々なメディアに取り上げられる。その後22歳で起業し、8年間で6店舗のトータルビューティーサロンの経営をしているなか、30歳の時に10年連れ添った夫を突然亡くす。
パートナーの死をきっかけに「今日死んでも後悔しない生き方」をしようと決め、サロンをすべて手放してゼロから再スタート。世界中を旅しながら、それまで培ってきた知識や経験を発信していたことが出版社の目に留まり、2014年『やりたいことを全部やる人生』（大和書房）を出版、瞬く間にベストセラーになる。それから国内外での講演活動をはじめ、メディア出演などしながら14冊の本を出版。
2015年、クリエイティブライフアカデミー®（旧ビューティーライフアカデミー®）を開校、オリジナル手帳の販売、オンラインショップの運営、オンラインサロンの運営、セルフリトリート®インストラクター制度を発足。2016年にはそれまで17年住んでいた東京から葉山の海辺に移住し、その後、箱根にも拠点を持ち2拠点生活に。常に国内外を旅しながら、心と体の健康・クリエイティブな生き方・エシカルに関する情報・インスピレーション・アイディアを届けている。著書に『自分の人生が愛おしくてたまらなくなる100の質問ノート』（大和書房）、『「頑張る」をやめると勝手に運が開ける』（廣済堂出版）などがある。

| | |
|---|---|
| クリエイティブライフアカデミー® | https://creativelifediary.com/ |
| オフィシャルサイト | https://elena-japan.com |
| アメーバ公式オフィシャルブログ | http://ameblo.jp/lumiere-beauty/ |
| Instagram | https://www.instagram.com/hasegawa.elena.tomomi/ |
| オンラインサロン | https://lounge.dmm.com/detail/397/ |
| YouTube | https://youtube.com/user/lumieretomomi |
| 公式LINE | https://lin.ee/96i33rs |

# 自分言語化ノート
正解のない時代を生き抜く武器を掘り起こそう

2023年8月4日　第1刷発行

| | |
|---|---|
| 著者 | 長谷川エレナ朋美 |
| 編集人 | 山﨑薫 |
| 発行人 | 安達智晃 |
| デザイン | 佐藤ジョウタ（iroiroinc.） |
| イラスト | かりた |
| 撮影 | 藤本孝之 |
| ヘアメイク | 今枝あゆみ |
| 編集協力 | 山口佐知子、中村綾乃 |
| 発行所 | アンノーンブックス<br>〒150-0001 東京都渋谷区神宮前3-15-9-103<br>電話：03-6455-1085 FAX：03-6455-1086<br>Mail：info@unknownbooks.co.jp<br>URL：https://unknownbooks.co.jp/ |
| 発売 | サンクチュアリ出版<br>〒113-0023　東京都文京区向丘2-14-9<br>電話：03-5834-2507　FAX：03-5834-2508 |
| 印刷・製本 | 株式会社光邦 |